中小学校园欺凌防治政策的国际比较研究

翟月 等／著

● 本书是 2017 年度教育部人文社会科学研究青年基金项目『中小学校园欺凌防治政策的国际比较研究』（项目号：17YJC880121）的研究成果。

知识产权出版社

全国百佳图书出版单位

—北京—

图书在版编目（CIP）数据

中小学校园欺凌防治政策的国际比较研究/翟月等著. —北京：知识产权出版社，2023.6

ISBN 978 - 7 - 5130 - 8767 - 4

Ⅰ.①中… Ⅱ.①翟… Ⅲ.①中小学—暴力行为—预防—学校管理—对比研究—世界 Ⅳ.①G637

中国国家版本馆 CIP 数据核字（2023）第 090086 号

责任编辑：刘 江　　　　　　责任校对：王 岩

封面设计：杨杨工作室·张冀　　责任印制：孙婷婷

中小学校园欺凌防治政策的国际比较研究

翟 月 等 著

出版发行：	知识产权出版社有限责任公司	网　　址：	http：//www.ipph.cn
社　　址：	北京市海淀区气象路 50 号院	邮　　编：	100081
责编电话：	010 - 82000860 转 8344	责编邮箱：	liujiang@ cnipr.com
发行电话：	010 - 82000860 转 8101/8102	发行传真：	010 - 82000893/82005070/82000270
印　　刷：	北京建宏印刷有限公司	经　　销：	新华书店、各大网上书店及相关专业书店
开　　本：	880mm×1230mm　1/32	印　　张：	7.875
版　　次：	2023 年 6 月第 1 版	印　　次：	2023 年 6 月第 1 次印刷
字　　数：	192 千字	定　　价：	68.00 元

ISBN 978 - 7 - 5130 - 8767 - 4

目　　录

引　言

　　校园欺凌是一个陈旧而时新的社会问题，长期困扰着世界各国中小学的教育与管理工作。目前经过多部门的紧密合作，发生在中小学校园的欺凌事件得到一定的遏制。尽管学者们对于中小学校园欺凌相关问题已经展开了一些研究，但是这些研究大都来自实践中的摸索，在理论上缺乏应有的研究和论述，这反过来也影响了校园欺凌防治效果的有效发挥，在现实中也未能达到预期的目标。因此，加强中小学校园欺凌防治政策的深入探究，可以进一步完善我国中小学校园欺凌防治的理论建设，继而从深层次认识校园欺凌防治的特征。为了全面贯彻党的教育方针，落实立德树人根本任务，切实防治学生欺凌和暴力事件的发生，2016 年 1 月教育部等九部门联合发布《关于防治中小学生欺凌和暴力的指导意见》，指出："应当积极有效预防学生欺凌和暴力、依法依规处置学生欺凌和暴力事件、切实形成防治学生欺凌和暴力的工作合力"从此方面来讲，本课题研究可以有效贯彻落实国家的相关政策，这不仅对于推动和加快中小学校园欺凌防治政策的发展与完善具有重要的现实意义，同时也能通过此研究为日后相关部门的制度改进和政策调整提供科学的依据。通过对中小学校园欺凌防治政策进行国际比较研究，可以更全面地了解国外是如何建立与完善中小学校园欺凌防治政策的，采取了哪些积极有效的防治措施，这对于我国今后制定和完善中小学校园欺凌防治政策将提供非常有益的国际经验和借鉴。同时，以国际比较的视野对中小学校园欺凌防治政策进行比较研究，突破了国别研究的界限，抽象程度更高，更加有利于我们深化对中小学校园欺凌防治政策的理性认识，抓住各国防治政策的共同特征和趋势，从而帮助我们在今后中小学校园欺凌防治政策的构建中更好地做出战略选择，找到正确的发展方向。

一、目前国内外研究的现状和趋势

（一）目前国内外研究的现状

1. 关于"校园欺凌内涵"的研究

长期以来，学界对于校园欺凌内涵的界定并未达成一致，最早重视这一问题的是挪威学者丹·奥卢威斯❶，他对校园欺凌问题进行了深入的调查研究，认为校园欺凌是指一名学生长时间且重复地暴露于一个或多个学生主导的负面行为之下，欺凌并非偶发事件，而是长期性且多发性的事件。然而，由于研究视角和研究方法的不同，各国学者对于校园欺凌内涵的界定也略有不同，没有形成统一的概念，大致形成两种模式：一种是以"校园"为中心的界定模式，另一种是以"师生"主体为中心的界定模式。❷

---

❶ OLWEUS D. Bullying at school: what we know and what we can do [M]. Oxford: Blackwell Publishing, 1993.

❷ 姚建龙. 校园暴力：一个概念的界定 [J]. 中国青年政治学院学报，2008 (4)：38 - 43.

2. 关于"校园欺凌现象"的研究

为了了解校园欺凌的现状，研究者主要通过研究收集发生的校园欺凌事件的各种数据，包括欺凌发生的时间、地点、频率、方式、欺凌者与受欺凌者的特点。奥卢威斯在 1993 年对挪威数万名 8—16 岁的在校中小学生的调查中发现，约 15% 的学生"一个月两三次"或更频繁地卷入欺凌问题，其中受欺凌者约占 9%，欺凌者约占 7%。● 我国学者张文新利用修正后的奥卢威斯欺凌问卷对我国 9205 名城乡中小学进行调查，发现有 1/5 的被调查学生卷入了欺凌问题，受欺凌者占调查总体的 14.9%，欺凌者占 2.5%，欺凌/被欺凌者占 1.6%。●

3. 关于"校园欺凌类型"的研究

对于中小学校园欺凌的类型而言，随着社会不断发展，其类型也日益多元化。比如早期学者曾将校园欺凌分为肢体欺凌、语言欺凌和关系欺凌三种形式。● 尽管有些学者还提出了心理欺凌、非语言欺凌等，并且进一步细化了每类欺凌的具体含义●，但总体来看，一般关于校园欺凌的类型主要涉及以下方面，即身体欺凌，包括击打、碰撞、踢踹、推搡；语言欺凌，包括辱骂、嘲讽、愚弄、发表攻击性言论，对身有残疾和学习

● OLWEUS D. Bully/victim problems in school: facts and intervention [J]. European Journal of Psychology of Education, 1997 (12): 495-510.

● 张文新. 中小学生欺负/受欺负的普遍性与基本特点 [J]. 心理学报, 2002 (4): 387-394.

● JACOBSEN K. E, BAUMAN S. Bullying in schools: school counselors' responses to three types of bullying incidents [J]. Professional School Counseling, 2007 (11): 1.

● SULLIVAN K. The anti-bullying handbook [M]. London: Sage Publications Ltd., 2010: 21.

困难者的不适当评论，就种族、性别和同性恋发表歧视言论等；间接欺凌，包括传播谣言、议论人非、孤立排挤他人（人际交往与网络交际中）、发送不适当的短信、图片和电子邮件以及其他网络欺凌。❶

4. 关于"校园欺凌成因"的研究

校园欺凌的成因可以说是多方面的，目前国内外学者也对此展开了一系列的讨论，如社会因素、学校因素、家庭因素和个体因素等，如家庭因素中低凝聚力、父母态度冷漠、无视子女感受、粗暴体罚等是造成欺凌的重要因素。❷ 近年来，有学者依据人本主义心理学对其成因进行分析，认为基本需要的长期匮乏是导致学生欺凌行为的内在动因。❸ 此外，还有学者通过相关的调查研究揭示了校园欺凌的成因，其中将国家缺乏惩戒机制作为首要原因。❹

5. 关于"校园欺凌法律规制"的研究

建立健全校园欺凌的法律规制是治理校园欺凌问题的重要保障。受挪威学者奥卢威斯相关调查的影响，欧美以及日本等国家和地区也对校园欺凌问题给予了高度关注，通常采用相关立法措施防治中小学的校园欺凌问题，如英国早在 1986 年就在《1986 年地方政府法案》（Local Government Act 1986）中就校

---

❶ 张宝书. 中小学校园欺凌行为的四种类型及其相关因素 [J]. 教育学报，2020（6）：70-79.

❷ PONTZER D. A theoretical test of bullying behavior：Parenting，personality，and the bully/victim relationship [J]. Journal of Family Violence，2010（25）：259-273.

❸ 罗怡，刘长海. 校园欺凌行为动因的匮乏视角及其启示 [J]. 教育科学研究，2016（2）：29-33.

❹ 方芳. 造成校园欺凌有四大原因 [J]. 中国德育，2016（6）：29-31.

园欺凌问题对地方政府提出法律要求：应支持学校教职员采取措施阻止任何形式的校园欺凌行为。可以说，在英国现行法律中，欺凌行为并非特定刑事罪名，但是部分具有骚扰及威胁性的欺凌行为，可能被认定为犯罪行为。此外，我国台湾地区台南大学林斌就以教育法的视角来谈英美校园欺凌防治政策，主要从立法规范模式、行政法原则、利害关系人义务等方面进行了分析。❶ 我国学者江水长呼吁要建立惩治校园欺凌的法律机制❷，学者侯春平也指出治理校园欺凌法律不能缺位。❸

6. 关于"校园欺凌防治对策"的研究

中小学校园欺凌问题已成为困扰世界各国教育发展的重要问题，目前国内外的相关研究除了对校园欺凌的成因、类型等研究之外，还将研究视角投射到中小学校园欺凌的防治对策方面。比如美国马萨诸塞州就曾在相关法律中指出可以授权学校开设反欺凌课程，培训全体教职工，并向执法部门报告潜在的带有犯罪性质的欺凌行为来防治中小学校园欺凌。❹ 英国中小学为了有效推行对校园欺凌的防治，提出了一些措施，如告诫或严厉批评、剥夺特权或时间、社区劳动服务、移交上级官员处理、暂时或永久性开除等。❺ 国内对于校园欺凌的防治措施

---

❶ 林斌. 英美校园欺凌防制政策：教育法之观点 [J]. 当代教育研究季刊, 2014，22（3）：49 - 89.

❷ 江水长. 建立惩治校园欺凌的法律机制 [J]. 中国德育, 2016 (6)：32 - 35.

❸ 侯春平. 治理校园欺凌法律不能缺位 [J]. 人民教育, 2016 (11)：17 - 19.

❹ HAMPSON R. Senior boom begins amid economic bust [J]. USA Today, 2010：1A.

❺ MALVERN S J. Anti - bullying Policy [EB/OL]. (2016 - 03 - 10) [2022 - 08 - 01]. http：//www. thedownsmalvern. org. uk/Mainfolder/about - us/SchoolPolicies/Anti Bullying2015. pdf.

主要是基于对校园欺凌产生原因的分析，从学生、家庭、学校和社会等诸多因素着手。我国学者许明就曾从防治和干预的角度提出应该从国家政府层面、地方政府层面、加强师资培训、学校家庭社会密切配合等方面的对策。❶

（二）目前国内外研究的趋势

纵观既往国内外相关的研究成果和研究主题，不难发现，尽管目前学者们对于中小学校园欺凌问题的研究已经做了一些尝试，不管是相关研究也好，抑或直接研究也好，都为本课题研究的顺利开展奠定了一定的基础。然而，研究中有些问题仍需进一步思考，其研究趋势主要体现在如下几个方面。

第一，从研究内容上，目前国内外对于中小学校园欺凌问题的研究，主要是从某一"子系统"领域内来对其进行探讨。多数学者一般仅从一个专门的角度进行分析，而直接对整个校园欺凌进行研究则一直为学界所忽视。因此，在未来的相关研究中，我们不仅要厘清中小学校园欺凌的内涵、对校园欺凌的成因等问题有所把握，还要对中小学校园欺凌防治的策略、成效、问题等诸多方面开展综合研究。

第二，在研究方法上，现有研究中对于我国中小学校园欺凌防治问题的深入研究还较为缺乏，很多研究都是思辨型的策略建议或者方向指引，对我国的中小学校园欺凌现状和所存在的问题没有一个深入、全面的认识，在借鉴时不能有的放矢。

---

❶ 许明. 英国中小学校园欺凌现象及其解决对策［J］. 青年研究，2008（1）：44－49.

因此，在未来可以采用一定的调查研究方法，通过这种方式使得研究中所要表达的观点立场等更具客观性、真实性和有效性，更好地服务本国实际教育问题的解决。尽管有些学者已经关注到了国外关于中小学校园欺凌防治的相关问题，但是更多的是对某国校园欺凌问题的简单介绍，进行深入分析的还较为缺乏。因此，为了更加全面地分析和审视世界范围内中小学校园欺凌防治问题的发展，在未来可以采取比较研究的方法对中小学校园欺凌防治政策进行系统研究。

第三，在研究视角上，目前的研究主要从教育学、心理学、法学或社会学的角度来分析校园欺凌问题。由于中小学校园欺凌问题本身融合多个学科，因此在未来可以尝试从多个角度对该问题进行综合性研究。同时，目前已经有一些研究开始对国外校园欺凌问题进行研究，但是以国际比较的视角对多个国家中小学校园欺凌防治政策进行系统研究，全面分析、总结中小学校园欺凌防治政策发展的经验及未来趋势，这在国内学术界还较为少见。因此，在未来的研究中可以突破国界，以国际比较的视野来审视相关问题。

二、研究目标及内容

（一）研究目标

本课题总的研究目标是"构建我国中小学校园欺凌防治政策的未来发展战略"。本课题意欲通过国际比较的视角，围绕"中小学校园欺凌防治政策"这一主体，阐释校园欺凌的基本理论问题、对中小学校园欺凌政策进行国别分析、提炼中小学校园欺凌防治的国际经验、指向中小学校园欺凌防治政策的中国选择。具体而言，此目标可以划分为如下几个子目标：（1）有效把握各国中小学校园欺凌防治政策产生的背景、历程、内容、效果等具体情况；（2）总结中小学校园欺凌防治政策发展的国际经验；（3）明晰未来我国中小学校园欺凌防治政策的构建策略。

（二）研究内容

具体而言，本课题研究在已有研究的基础和空间之上，将重点关注和讨论如下三个部分内容。

第一部分：研究主体——中小学校园欺凌防治政策的国别比较分析

此部分将通过选择有代表性的国家（挪威、美国、日本、澳大利亚、加拿大、印度）主要对中小学校园欺凌防治政策的产生背景、变迁过程、具体内容、实施效果等进行比较分析。首先，各国对校园欺凌的认识均经历了从"恶作剧"到全面立法的过程，如日本起初将防治校园欺凌工作作为一种口号，并无实质性实施策略，然而随着各种由校园欺凌引发的社会实践频发，日本开始完善校园欺凌防治体系，并颁布相应法令。其次，各国均针对校园欺凌现象颁布法令、实施多种防治项目、联合多元防治主体、转变对校园欺凌的社会认识，构筑反欺凌防线。如挪威出台"学校仲裁所项目""奥卢维斯校园欺凌预防项目"等，印度出台"资源资助计划""少数民族区域基础设施计划"等。最后，各国的反欺凌体系均取得一定的成效，校园欺凌现象得到有效控制、民众对于校园欺凌也有了新的认识、各国积极构建多元化的防治体系等。校园欺凌防治政策是研究欺凌防治工作中不容忽视的重点内容。那么，各国中小学校园欺凌防治政策的发展背后有着怎样的重要背景？各国中小学校园欺凌防治政策在这样的背景下历经了怎样的发展？在此基础上，进一步探讨各国在中小学校园欺凌防治政策中做出了哪些方面的规定并付诸实践，其实施效果如何？这些构成本研究的主体内容。对于这些问题较为系统的、深入的比较与分析，能够为国外中小学校园欺凌防治政策发展的国际经验的提炼和总结提供基础和依据。

第二部分：研究升华——中小学校园欺凌防治政策发展的国际经验

在对国外中小学校园欺凌防治政策产生的背景、历程、内容、效果等的比较分析与研究的基础上，此部分主要对中小学校园欺凌防治政策发展的国际经验、存在问题等进行探寻。首先，各国均形成以法律政策、制度体系、专业力量与社会支持等合力构建的反欺凌制度体系。如挪威政府在校园欺凌防治问题上，通过专项法案铸造了一条中央政府（教育部）—郡长—地方政府—校长—教职工的"五级责任链条"，对每一级政府职能部门和相关负责人员的角色和职责进行了详细的区分和规定。其次，各国虽在治理过程中取得一定成效，但是校园欺凌防治的挑战依然存在，如网络欺凌防治薄弱、忽视弱势群体欺凌防治、校园欺凌预防机制仍需完善等。最后，政策的出台也不意味着中小学校园欺凌现象就得到了遏制，未来还需不断更新防治手段与策略、完善社会共识、增强学生法律意识等，方能行稳致远。对于各国中小学校园欺凌防治政策的探寻与比较，不仅可以更好地把握国外中小学校园欺凌防治政策发展的精髓，而且对于我国中小学校园欺凌防治政策的构建与完善不无裨益。

第三部分：研究归宿——中小学校园欺凌防治政策的中国选择

本课题研究拟在有效把握中小学校园欺凌防治政策发展的国际经验基础上，结合我国中小学校园欺凌政策所面临的具体问题、主要挑战以及现实需求，在反思批判中探寻适合我国国情的中小学校园欺凌防治政策的制定策略。首先，当前我国防治校园欺凌的立法并不完善，关于校园欺凌的规定较为概括且缺乏强制性，容易造成实践中无法具体执行的困境。其次，我国尚未建立健全校园欺凌介入程序，因此对于欺凌事件普遍存在响应能力不足和发现晚、处理晚的问题，学校、执法部门不能主动适时介入，导致整体应对迟缓。最后，校园欺凌往往具有重复性和持续性，给遭受欺凌的学生造成身心上的双重伤害，甚至影响其健康人格和价值观养成，但目前我国对于被欺凌学生的安抚救济机制仍不完善。为了寻求这些问题的破解之法，本书将视角投射至国际，以期能够汲取经验与教训，进而为更好地保障和推动我国中小学校园欺凌防治政策的改革与发展提供依据和参考，这也是本课题研究的意义与主旨所在。

三、研究思路与方法

（一）研究思路

总体而言，本课题研究以中小学场域为研究对象，以校园欺凌防治政策为研究内容。首先，综合运用文献法和比较法对中小学校园欺凌防治政策进行国际比较分析，有效把握各国中小学校园欺凌防治政策产生的背景、历程、内容、效果等具体情况。其次，提炼各国中小学校园欺凌防治政策的国际经验及存在问题。最后，在明晰中小学校园欺凌防治政策发展的国际经验的基础上，进一步在批判反思中探寻完善我国中小学校园欺凌防治政策的有效策略。具体研究思路见图1。

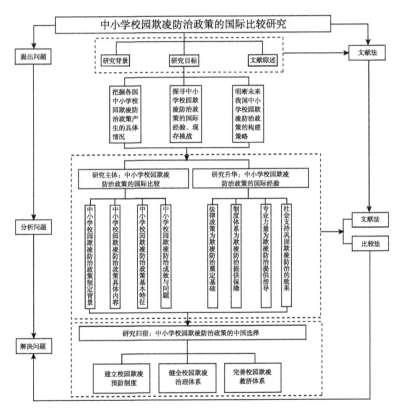

图1　研究思路

（二）研究方法

1. 文献法

文献法作为本课题一个重要的研究方法，主要是对教育科学文献、情报或资料的检索、收集、鉴别、整理、分析并进行研究的科学研究方法。本课题研究在收集资料过程中主要通过图书馆、电子数据库、网络搜索引擎和专业的官方网站等途径。通过对大量权威、经典以及前沿性的文献资料梳理与分析，为本课题研究顺利开展提供了很好的资料平台、信息平台以及基本的分析框架。

2. 比较法

比较法是贯穿本课题研究的最核心的研究方法。本课题研究中比较法的运用主要集中于对中小学校园欺凌防治政策进行系统探究和比较分析，以有效把握各国中小学校园欺凌防治政策产生的背景、历程、内容、效果等具体情况。有效结合我国中小学校园欺凌防治政策在发展中所存在的问题以及面临的挑战，在批判反思中，探寻未来中小学校园欺凌防治政策的构建策略，从而真正体现比较研究的价值所在。

四、研究重点与难点

（一）研究重点

本研究的重点主要集中在两个方面：一方面，系统地探究

和比较分析各国中小学校园欺凌防治政策，有效把握其产生的
背景、历程、内容、效果等具体情况。另一方面，在总结国际
经验的基础上，结合我国中小学校园欺凌防治政策发展中所存
在的问题、挑战与需求，探寻未来我国中小学校园欺凌防治政
策的构建策略。

（二）研究难点

本研究的难点主要是比较分析国外中小学校园欺凌防治政
策。由于各国具体国情的差异，加之中小学校园欺凌防治政策
又是一个复杂的系统工程，其中会涉及多方面的因素，这无疑
增加了比较分析的难度。然而，只有比较分析这一研究主体部
分阐释得足够清楚，才能更好地挖掘中小学校园欺凌防治政策
背后的一些因素，为我国中小学校园欺凌防治政策的反思提供
一定的基础。因此，可以说此部分既是本课题研究的重点，也
是本课题研究的难点所在。

第一章　挪威中小学校园欺凌防治政策

近年来，校园欺凌成为校园治理甚至社会治理的难题，严重威胁青少年的身心健康，长期困扰着各国中小学的教育与管理工作。放眼国际，挪威有着约 40 年的校园欺凌防治经验，是世界上较早对校园欺凌予以重视的国家，也是现代校园欺凌研究的发源地。挪威通过项目调查、专项立法、循证施策、教育防治等策略，建立了校园欺凌防治的综合防治体系，向世界传递了挪威对于校园欺凌的"最佳防治经验"，成为各国进行校园欺凌治理参考的典范。2019 年，联合国教科文组织（United Nations Educational, Scientific and Cultural Organization, UNESCO）对全球 144 个国家和地区的校园欺凌发生率展开调查，结果显示，挪威的校园欺凌防治效果明显，其校园欺凌发生率处于较低水平。[1]

一、挪威中小学校园欺凌防治政策的制定背景

挪威是最早对校园欺凌进行防治干预的国家，也是国际上

---

[1] UNESCO. Behind the Numbers: Ending School Violence and Bullying [EB/OL]. (2020 - 03 - 25) [2022 - 06 - 02]. https://www.dge.mec.pt/sites/default/files/ERTE/pdf_unesco.pdf.

欺凌防治经验和研究的主要输出国。❶ 挪威对于校园欺凌的关注始于焦点事件的爆发，此后便开展了长期的校园欺凌预防宣传活动。对于中小学校园欺凌现象多年的科学调查和动态追踪是挪威校园欺凌防治政策的科学依据，而对于中小学学生的人格培养理念则是其校园欺凌防治政策实施的不竭动力。

（一）挪威中小学校园欺凌现象严重

挪威是世界上最早对校园欺凌现象给予重视、第一个全面制定防治政策和规制校园欺凌的国家。挪威对校园欺凌的关注始于 20 世纪 70 年代后期，1982 年挪威的 3 名 11 岁男孩因为遭到同学的极端骚扰和折磨而不堪忍受，最终自杀。该事件发生之后，校园欺凌引起了挪威社会各界的关注和讨论。迫于舆论压力，挪威教育部委托丹·奥卢维斯（Dan·Olweus）在全国开展了校园欺凌预防宣传活动，并组织专家学者在全国进行调查，从宏观层面把握中小学校园欺凌的具体状况。❷ 该调查涵盖 830 所学校样本，有效数据来源于其中的 715 所学校，覆盖挪威全部学生人口数量的 1/4，共计 13 万名学生。结果表明，在 8.4 万名学生中，大约 15% 的学生会涉及欺凌事件，这说明每 7 名学生中就会有 1 名涉及欺凌。结果也表明，大约 9% 的学生经常遭受欺凌，7% 的学生经常对他人实施欺凌，超过 3% 的学生每周至少遭受一次以上的欺凌。欺凌行为多为身体攻击，

---

❶　张倩. 校园欺凌治理的"三驾马车"：对挪威校园欺凌防治制度与实践的考察［J］. 教育学报，2020（6）：51–61.

❷　周华珍，何子丹. 关于国外校园欺负行为的干预经验研究及其启示［J］. 中国青年研究，2009（8）：5–8.

实施者主要为男生，被欺凌者的年龄往往比加害者小。[1] 20 世
纪 70 年代挪威校园出现欺凌现象时，各界立即开始关注欺凌问
题并积极展开研究。挪威将校园欺凌定义为：发生在校园中，
由于地位（权利、力量）不对等所引发的弱小者长期遭受恶意
欺负和凌辱，即长期地、重复地、受到一个人或多个人的恶意
消极行为的影响。[2]

（二）挪威充分关注学生个体发展

由于长期致力于推动教育质量提高、学生个人发展以及全
民道德水平提升，所以挪威认为校园欺凌的预防和规制是十分
必要的。一方面，校园欺凌严重危害个体发展，与挪威教育理
念中的"充分尊重个体"相悖。校园欺凌的危害是消极且严重
的，无论是对被欺凌者还是对欺凌者或是旁观者，都会造成长
期的、负面的身心伤害。被欺凌者会遭受自杀、被迫旷课、长
期的焦虑等心理健康后遗症[3]，有的甚至存在社交和学习生活
障碍等问题，增加了其犯罪概率。而欺凌者长期对他人进行身
体和心理的伤害，自己却没能得到正确的引导，会导致自我中
心膨胀，易形成自私无情的性格，比较容易走上犯罪道路。研

---

[1]　OLWEUS D. Bullying at school：what we know and what we can do ［M］. Ox-
ford：Blackwell Publishing，1993：403 - 406.

[2]　SMITHP K. The silent nightmare：bullying and victimisation in school peer groups
［J］. The Psychologist，1991（4）：243 - 248.

[3]　PARADA R H. School bullying：Psychosocial determinants and effective interven-
tion ［D］. Sydney：University of Western Sydney，2006：3 - 8.

究发现，经常欺凌他人的儿童成年后的犯罪率是正常人的 4 倍。❶ 另一方面，校园欺凌侵害学生平等的受教育权，与挪威教育理念中的"公平性"相违背。校园欺凌本质是欺凌者对被欺凌者受教育权的挤压，除了欺凌者的直接欺凌外，旁观者目睹欺凌很可能模仿欺凌者的行为而成为另一个欺凌者，或者煽动场面而造成更大伤害。如若未能及时制止而使得被欺凌者产生不安、怀疑的情绪等，会进一步侵害其正常的受教育权。❷

（三）挪威长期以来的动态调查

1983 年，挪威开始关注中小学校园欺凌问题。起初的校园欺凌防范项目是由丹·奥卢维斯设计开发，经过多年的试点实践和反复修订，2001 年挪威政府将其作为一种校园欺凌防范模式推广至全部学校。在项目成效上，挪威政府认可奥卢维斯欺凌防范项目（Olweus Bullying Prevention Program，OBPP 项目）的反欺凌效果。2001—2003 年，挪威政府开展了广泛的调查，对 58 所中小学进行了校园欺凌防范评估，此次评估时限长、涉及范围广，且每次数据具有明显下降的趋势，此次调查数据也为进一步完善校园欺凌防治体系提供了客观保障。❸ 在理念指导上，OBPP 项目为挪威中小学校园欺凌防治政策的制定提供了顶层设计。该项目强调构建校园欺凌防治体系的前提是完善

---

❶ 张文新，鞠玉翠. 小学生欺负问题的干预研究［J］. 教育研究，2008（2）：95 – 99.

❷ 陈蓉辉. 挪威基础教育的特色及其启示［J］. 外国教育研究，2005（12）：20 – 23.

❸ 张萌. 挪威奥维斯校园欺凌预防计划对我国的启示［J］. 现代中小学教育，2017（4）：85 – 88.

的制度保障；制定欺凌防治政策时应以预防为基本取向；学校和教师应在日常管理中落实反欺凌规定；社会各界应积极参与，形成多方合力的治理格局。❶ 在实施模式上，挪威对中小学校园欺凌的动态调查成为其研究中小学校园欺凌、颁布欺凌防治政策、更深实施调查、更新防治政策的科学基础，也是其创设"研究—政策—实施"欺凌防治模式的数据根基。

二、挪威中小学校园欺凌防治政策的具体内容

由于校园欺凌的影响消极且严重，挪威社会各界开始高度关注，并采取了相关措施来预防和规制校园欺凌。由起初的社会零散自发的反校园欺凌行为，到国家专项立法，再到出台多种反欺凌项目，传达出挪威对中小学校园欺凌"零容忍"的态度。挪威主要从立法层面作出要求、运用项目实施进行赋能、有效形成多方合力、配以完善的保障体系巩固中小学校园欺凌防治。

（一）校园欺凌防治的相关立法

挪威中小学校园欺凌防治法制建设确立了由郡长主管、地方政府主导、校长主责的治理格局。首先，挪威从国家层面对反校园欺凌立法作出指示。挪威 1998 年制定了《教育法》，取

---

❶ LOSEY R A. An Evaluation of the Olweus Bullying Prevention Program's Effectiveness in a High School Setting [D]. Cincinnati: University of Cincinnati, 2009: 59 – 68.

代了此前分散性的不同立法。❶ 2002 年，挪威政府总理、全国
教师协会、各区反欺凌联盟、全国家长协会和儿童监察官代
表共同发表《反欺凌宣言》（The Norwegian Manifesto against
Bullying），正式结成全国反欺凌联盟，向全社会强调要根绝校
园欺凌，表达了对于校园欺凌"零容忍"的治理愿景。在地方
层面，参加宣言的团体组织号召当地的政府、教师协会、学校
与家长分别签署各地的反欺凌宣言。此外，《公平性别法》中
亦有禁止欺凌的规定，该法规定使他人陷入性别歧视是违法行
为，教育机构负责人有义务努力防止机构中发生性别歧视，当
学生因性别遭受他人长期歧视时，这一歧视行为实际上属于使
他人感到痛苦的欺凌行为，因此，学校应当依据法律规定采取
措施避免性别歧视行为的发生。

其次，挪威中小学从实施层面对校园欺凌立法作出回应。
学校作为预防校园欺凌的主阵地，回应立法要求，构筑能够预
防和应对校园欺凌行为的系统。2003 年，挪威修改《中小学教
育法》（Education Act），此次修改追加"学生的学校环境"一
章，又称《校园环境法案》，该法案规定为学生提供良好的学
习环境是学校的义务，学校环境包括"心理社会环境"，即学
校应当为每个学生创造使其感到安全、放心且具有社会归属感
的环境。为了创造这样的环境，学校应保护学生不受侮辱性言
语及其他欺凌、歧视、暴力、人种歧视等行为的侵害。❷《校园

---

❶ 吴雪萍，史犂娟. 挪威基础教育改革评述 [J]. 外国中小学教育，2004
（1）：1 - 7.

❷ 北川邦一. ノルウェー教育法——公布約 12 年近くを経た主たる改正内容
[EB/OL]. (2016 - 05 - 06) [2022 - 08 - 03]. ins. jp. org/11919kita - ga - kyouiku-
hou. pdf.

环境法案》明确了学校在校园欺凌防治中的主要地位，赋予学校进行反欺凌行为的法律意义。该法案从预防、发现、干预到处置等每一步都有明确要求，确保中小学进行校园欺凌防治的过程真正做到有章可循。

最后，法律要求社会各界共筑反欺凌防线。一方面，国家机构作出呼吁，教育部面向学校和学生家长分别制作预防校园欺凌的宣传手册并免费发放，还通过将实际发生的事例制作DVD以宣传校园欺凌预防的意义，对校园欺凌定期进行全国性的实地调查。教会、教育局以及儿童家庭局则制作教师指南和预防欺凌学生的教材发放给全国的学校。儿童人权监察官和儿童精神卫生机构设置校园欺凌热线电话，收集相关信息并采取相应的行动。❶ 另一方面，社会各界作出回应。学校专门设立"反欺凌委员会"，鼓励社会专业人士的参与，如心理咨询师、信息技术人员、职业培训师等，❷ 他们也可从官方网站关注校园欺凌动态，及时反映社会欺凌事件，发挥监督作用。

（二）校园欺凌防治形成多方合力

科学的校园欺凌防范项目是挪威构建高质量校园欺凌防治体系的关键。挪威的欺凌防范项目成为世界各国效仿借鉴的典范，其通过欺凌预防项目的赋能支持，欺凌发生率大幅降低。

---

❶ 陶建国，王冰. 挪威中小学校园欺凌预防项目研究 [J]. 比较教育研究，2016 (11)：9 - 14.

❷ LIE T. Evaluation of a Program for Competence Training of the Educational Psychological Service and School Leaders （Report RF - 2003/246）[R]. Stavanger：Rogalandsforskning，2003：4 - 7.

从项目实施的过程来看，挪威并不是简单地将校园欺凌视为教育问题，而是将其作为社会问题重点关注，注重构建多方一体化的防治体系。

1. 学校层面

挪威校园欺凌防治政策首先从学校层面构筑预防措施框架。第一，学校积极参与出台的校园欺凌防治项目。如全校积极行为支持项目（School – Wide Positive Behavior Support，SWPBS），该项目是由奥斯陆大学下属机构"儿童行动挪威中心"实施，要求学校需创建安全和健康的环境、提高所有学生的学习能力、防止并应对欺凌行为、全部教师进行研修、让家长参与活动。再如在 OBPP 中，要求学校充分对校内的欺凌现象进行调查，并召开全校会议专门就欺凌问题进行讨论。参与人员包括校长、教职工、学生与家长代表、专业干预人员等。第二，学校应充分利用学校信息系统，有序推进多种预防项目的实施。在获得学校和全部学生理解的基础上，学校采取欺凌预防行动。如在"零容忍方案"中，学校要为学生创设一个识别攻击性行为和防范欺凌的学校环境，创造成人干预和过滤下的安全校园区域。同时，要增加校园主要观测点的摄像头数量，尽可能将校内一切活动可视化、公共化，减少校园观察的死角。此外，学校还建立了匿名报告系统，学生可以及时反映校园欺凌事件，及时将举报内容纳入反欺凌报告系统。❶ 第三，学校应对项目实施过程中发现的欺凌现象及时介入。在学校仲裁所项目中，学校对于学生间发生的争执通过具有学生身份的仲裁员介入，促成

---

❶ ROLAND E. The Broken Curve：Effects of the Norwegian Manifesto Against Bullying［J］. International Journal of Behavioral Development，2011（5）：383 – 388.

以协商或和解方式化解矛盾。在发生争执或欺凌事件后，学生双方可以协商将纠纷提交学校仲裁所解决。学校推出仲裁员与当事人进行交谈，促成当事人进行和解。学校的介入本身并不提出纠纷解决方案，而是让学生之间进行交流，引导学生双方自主达成合意。此外，学校在实施欺凌防范项目时，需及时为项目管理者反馈项目开展的相关信息。

2. 教师层面

教师在挪威校园欺凌防治工作中扮演着重要角色。首先，在学校欺凌防范项目的选择上，教师具有关键作用。如在学校仲裁所项目中，学校若选择实施该校园欺凌防范项目，必须经过学校 80% 以上的教师同意，校长不能擅自决定实施一个涉及全校利益的计划。在项目实施过程中，项目管理者注重与学校建立良好协作关系，为学校培养预防校园欺凌的专业人士，力争欺凌预防项目可持续开展。此外，挪威中小学均需设置专业的"反欺凌委员会"以应对校园欺凌问题，教师是其中的关键角色。其次，学校注重强化教师权威在校园欺凌防范中的作用。在教室活动中施行教师负责制，并强化教师在教室领导中的权威模式。如在"零容忍方案"中，权威模式是极具特色的模块，要求值班教师和其他工作人员在课间休息时，佩戴"零欺凌"的标志，并穿戴耀眼的黄色反光背心以强化权威作用。❶同时，学校还对课间、午休等容易产生校园欺凌的时间段，加强教师的监督管理作用。最后，学校重点关注课堂内外的活动，并强化教师在其中的监控作用。学校举行的任何活动都必须是

---

❶ JIMERSON S R，FURURLONG M J. The handbook of school violence and school safety [M]. New York：Routledge，2006：383.

提前安排好的，如时间、地点、流程等，便于实施反欺凌监控。在课堂上，各科教师在授课中适时采用多种形式与学生探讨欺凌问题，尽可能多地召开反欺凌为主题的班会，并采取行之有效的引导和干预。❶

3. 个人层面

挪威中小学重视培养学生关于校园欺凌的认知，让学生也参与到防治体系当中。首先，培养学生关于校园欺凌防范的意识。学校有责任为学生创建一个安全、健康的学习环境，并在这一环境中帮助学生树立反欺凌意识。在 OBPP 项目中，学校要提高学生预防欺凌行为的意识。如制定直接指向欺凌的班规——"不许欺负其他学生""要帮助被欺负的学生""关注容易被我们忽略的学生"等。这些班规要被展示在班级学生都能看得见的地方，如果违反规定将会受到相应的惩罚。❷ 其次，建立学生协作学习制度。如在学校仲裁所项目中，要求学生参与仲裁，让其感受自己的责任，通过选择最佳的方法与他人建立关系，增强合作意识。这一方式有利于修复学生间的关系，预防新问题的发生。在 OBPP 项目中，学校会寻找"中立学生"对被欺凌者进行帮助，更有助于被欺凌者敞开心扉沟通并解决问题。❸ 最后，重视教师与受害学生、家长之间的交流方式，建立信任关系。教师尽最大努力保护被欺凌者免

---

❶ DAVID G P, ERNEST V E H, SUSAN K. Peer Harassment in School：The Plight of the Vulnerable and Victimized ［M］. New York：The Guilford Press, 2001：84.

❷ JIMERSON S R, FURURLONG M J. The handbook of school violence and school safety ［M］. New York：Routledge, 2006：387.

❸ ROLAND E. Bullying in school：Three national innovations in Norwegian schools in 15 years ［J］. Aggressive Behavior, 2000, 26（1）：135 – 143.

受欺凌是学校的义务，应当经常与被欺凌者交流。一方面是在公开处理欺凌事件之前与被欺凌者交谈，使被欺凌者能够有勇气直接告知欺凌事态发展状况。另一方面是与欺凌者和被欺凌者学生家长交谈。通过与家长协商处理办法，对于被欺凌者的身体、财务、心理等伤害进行弥补和道歉，化解学生间的不和谐关系等。此外，学校还会联系家长对学生进行长期的观察和疏导。

4. 社会层面

挪威在构建反欺凌框架体系时，特别注意社会成员的反欺凌意识培养。挪威政府认为，校园欺凌不只是需要教育主体的参与，更需要唤醒全民参与的责任意识。首先，校园欺凌问题被政府视为挪威社会的重要政治议题，传递出政府对待校园欺凌"零容忍"的态度。挪威教育部在校园欺凌恶性事件发生后，迅速组建团队对校园欺凌状况进行调查，并推出了受到全球大多数国家和地区推崇的 OBPP 项目，并在此基础上不断进行追踪和优化，推出新的项目，挪威中小学校园欺凌防治思路逐渐由全校全员防治转为全民反欺凌。其次，挪威校园欺凌防治项目的制定主体为社会科研机构。校园欺凌防治方案的设计需要众多专业人员的参与，且多要进行大量的实证调研与数据监视，很难由单一的学校组织实施。因此，社会团体和社会科研机构在此过程中发挥了重大作用，承担了欺凌项目防范的研发责任。❶ 最后，借助媒体和社会力量强化全民反欺凌意识。一些社会团体通过各地媒体对学生、家长和学校进行宣传教育，

---

❶ 陶建国，王冰. 挪威中小学校园欺凌预防项目研究［J］. 比较教育研究，2016（11）：9－14.

或面向家长和社区组织欺凌防治的讲座和研讨会等，传播校园欺凌防治的信息与知识。❶

（三）校园欺凌防治的配套保障

挪威中小学校园欺凌防治体系的核心内容为其所开发的欺凌项目，而使项目稳定实施的内核则是相应的保障措施。知识保障是其开展项目、制定政策、把握校园欺凌规律的科学基础；欺凌防范项目的针对性保障是各项目平稳运行的动力支撑；挪威政府提供的制度保障既是其校园欺凌防治政策的主心骨，又是发挥政策实效的催化剂。

1. 知识保障

挪威重视关于校园欺凌知识层面的研究，成立众多校园欺凌研究中心，从校园欺凌发生的原因、机制、影响因素、类型等方面出发，试图把握校园欺凌的整体性规律。首先，从前期调查来看，挪威中小学校园欺凌的前期数据收集均由社会科研机构完成，包含调查问卷设计、校园欺凌现象的初始评估、学校和学生应对校园欺凌的方式和态度等。如在 OBPP 项目中设计的 OBVQ（The Olweus Bully/Victim Questionnaire）问卷是进行校园欺凌预防情况评估的重要依据。❷ 其次，从项目发布上

❶ 张倩，孟繁华，刘电. 校园欺凌的综合治理何以实现：来自现代校园欺凌研究发源地挪威的探索［J］. 教育研究，2020（11）：70－82.

❷ OLWEUS D, LIMBER S P. The Olweus Bullying Prevention Program: Implementation and Evaluation over Two Decades ［A］//JIMERSON S R, SWEARER S M, ESPELAGE D L. The Handbook of School Bullying: An International Perspective. New York: Routledge, 2010: 277－402.

来看，各研究所设计的不同欺凌防范项目以供学校选择，每个项目的侧重点也不同。如 OBPP 项目和"学校仲裁所"项目更加注重校园欺凌的干预、"零容忍方案"更加关注学生的反欺凌意识和前期的预防工作。再次，科学调查是挪威反欺凌政策实施的根本依据。挪威首个反欺凌政策是依据 OBPP 项目的长期调查结果颁布的，正式开展了挪威的第一轮反欺凌运动。根据校园欺凌类型的多样性、发生原因的复杂性和发生环境的隐匿性，挪威不断发布新的预防项目以更好地追踪校园欺凌，反欺凌政策的关注点也随之更新。最后，研究中心和项目组会对选择欺凌防范项目的学校进行长期跟踪。一方面能够更好地把握项目实施的成效，评估学校的反欺凌能力；另一方面，也为进一步开展校园欺凌研究奠定新的数据基础。

2. 项目保障

为保障欺凌防范项目的高质量实施，项目在实际操作中配有相应机制，主要包括校园欺凌项目监测机制、项目指导机制和针对性干预机制。第一，挪威将全国性的监测任务委托给挪威科技大学监测中心。该中心不仅每年向全国中小学发布问卷、收集数据和发布监测报告，而且会对开展的欺凌防范项目进行评估，深入剖析校园欺凌产生的原因、方式和表现类型等，为研究校园欺凌现象提供规律性知识。❶ 第二，挪威在校园欺凌防治项目实施前，会对项目组成员进行专职培训。如 OBPP 项目会发布相关培训、参考书目、调查问卷、指导人员等一系列配套资源，以保证规定的预防内容可以真实有效地落实。OBPP

---

❶ TIKKANEN T I. Evaluation of the Norwegian Manifesto against Bullying, 2002—2004. A Summary of the Final Report [J]. Online Submission, 2005: 1 – 13.

项目还培训专门人员，指导参与项目学校的教师，形成"培训师"（train – the – trainer）模式。❶ 在"零容忍方案"中，参与教师需参加为期一天的短期课程。在方案实施期间，经由团队的交流平台，相关学校可以通过电子邮件、电话、网站论坛等手段获得专业协助。方案指导机制由项目组组织架构和修订，一般包括能够预防和阻止欺凌、构建亲子关系以及促进家长、老师、学生和学校决策层共同合作等一系列行之有效的措施。❷ 第三，研究中心并非全国一体化开展预防项目，而是面向不同学校情况进行有针对性的干预。如针对长期存在欺凌现象的薄弱学校实施"学习环境项目"，要求全国欺凌率最高的 20 所学校必须参与该项目。❸

3. 制度保障

挪威中小学校园治理体系的核心在于将关于校园欺凌的研究、政策和实践紧密结合。第一，资源保障是中小学校园欺凌防治的根本。挪威多年来投入大量资源在校园欺凌防治的研究工作中，为校园欺凌防治提供知识、技能、经费等资源全方位的支持。如呼吁社会团体和科研机构广泛开展关于校园欺凌的研究、为开发的多种反欺凌项目配备专业人士、将教师的反欺凌能力纳入教师能力考核、下设多个心理健康服务机构等，为

---

❶ ROLAND E. Bullying in School: Three National Innovations in Norwegian Schools in 15years [J]. Aggressive Behavior, 2001 (26): 135 – 143.

❷ 李峰，史东芳. 挪威反校园欺凌"零容忍方案"研究述评 [J]. 教育导刊, 2015 (2): 91 – 95.

❸ WENDELBORG C, Røe M, BULAND T H. Læringsmiljøprosjektet: Sluttrapport for evalueringen av Læringsmiljøprosjektet [R]. NTNU Samfunnsforskning AS, 2018: 4 – 7.

全国的反欺凌工作提供专业支持。❶ 第二，完善的政策配套是治理校园欺凌问题的重要保障，挪威的反欺凌行动呈现出"运动式"的特征，其颁布的反欺凌政策也会随着发布的欺凌防范项目的调查结果而更新。如挪威第一轮反欺凌运动以 1983 年 OBPP 项目为起点，对中小学校园欺凌现象进行了长达十年的动态追踪，颁布的校园欺凌防治计划主要以学校的干预行动措施为主。1996 年，挪威教育部委托国家欺凌防治研究中心（Center for Behavioural Research，CBR）主导和实施第二次反欺凌运动，在加强干预的基础上，更加注重对欺凌现象的预防，政府引导学校建设良好的校园环境、校园文化，创设友好同辈关系等以预防校园欺凌现象的发生。进入 21 世纪以来，挪威在前两次大规模反欺凌运动的基础上，调动多项政策工具，着力构建全民参与的防治体系。❷ 第三，挪威为中小学校园欺凌防治制定了家校合作制度。一方面，通过立法保障家长权益，包含家长对校园欺凌的知情权、建议权和项目参与权等，将家长视为校园欺凌防治体系中的重要资源。另一方面，建设"中小学家长协会"，主动邀请家长参与到校园欺凌的防治工作中，配合学校开展欺凌防范项目，协助项目成员监测学校的反欺凌水平。❸

❶ ROLAND E. The broken curve：Effects of the Norwegian manifesto against bullying［J］. International Journal of Behavioral Development，2011，35（5）：383 – 388.

❷ ROLAND E. Bullying in school：Three national innovations in Norwegian schools in 15 years［J］. Aggressive Behavior，2000，26（1）：135 – 143.

❸ 张倩. 校园欺凌治理的"三驾马车"：对挪威校园欺凌防治制度与实践的考察［J］. 教育学报，2020，16（6）：51 – 61.

三、挪威中小学校园欺凌防治政策的基本特征

挪威中小学校园欺凌防治政策注重法律保障、知识赋能、规范程序和长期追踪的特点，在多年的科学治理和实践总结中形成了"科学研究—制定政策—保障实施—动态追踪—发展研究"的特殊模式，这一良性循环是其校园欺凌防治体系的核心。

（一）重视研究，注重知识赋能

挪威中小学校园欺凌防治能够实现科学治理的关键是其多年来对校园欺凌研究的投入。首先，成立专门研究机构，实现反校园欺凌知识生产。挪威成立了"国家欺凌防治研究中心"（Center for Behavioural Research，CBR）、斯塔万格大学的"国际研究中心"（International Research Institute of Stavanger，IRIS）等多个研究中心，对校园欺凌产生的原因、机制、应对方式等进行实证调查，以便寻求关于校园欺凌的规律性知识。其次，挪威将校园欺凌的研究运用于政策制定和项目开发中，为校园欺凌的科学治理提供知识赋能。挪威所开展的校园欺凌项目均建立在各研究中心发布的实证数据基础上，使得其校园欺凌防治体系具备科学性和即时性。[1] 此外，部分研究中心还作为第三方机构对参与欺凌防范项目的学校的欺凌情况进行评估，为

---

[1]　Utddannings Direcktoratet. School Environment Measures – investigate ［EB/OL］. ［2021 – 09 – 22］. https：//www. udir. no/laring – og – trivsel/mobbing/2019.

进一步把握校园欺凌实质提供新依据。最后，研究中心也是校园欺凌防范知识的传播者。一方面，研究中心会对参与欺凌防范项目的学校校长、教师提供欺凌防治知识和技能培训；另一方面，研究中心也会针对公众开展校园欺凌防治教育，增强全民反欺凌意识。

（二）专项立法，保障学生权益

挪威是世界上首批针对校园欺凌进行专项立法的国家之一，从宏观层面来看，在多年的项目赋能下，2002 年挪威政府联合社会机构签署发布《反欺凌宣言》（The Norwegian Manifesto against Bullying），将校园欺凌问题提升到危害社会公共安全的重要程度，明确表达对校园欺凌"零容忍"的态度。2003 年，其所颁布的《校园环境法案》中明确规定学校有责任为学生创造安全的学习环境，必须对校园欺凌行为进行预防和规制。其主要目的是保障"所有学生均有权享有安全、良好的学校环境，以促进他们的健康、福祉和学习"。该《法案》一经颁布，就成为挪威校园欺凌防治工作的根本纲领，引导挪威的校园欺凌防治实践走向法治化、制度化和系统化。❶ 该《法案》的制定逻辑为重预防，轻惩罚，旨在改善学校的校园安全环境和社会心理环境，保障学生的健康发展与平等安全的受教育权。从实施层面来看，法律赋予学生作为切身感受者对其是否享受了安全良好的校园环境的判断权和报告权，并且学生有权要求学

---

❶ ANANIADOU K, SMITH P K. Legal Requirements and Nationally Circulated Materials Against School Bullying in European Countries [J]. Criminology and Criminal Justice, 2002（4）: 471 – 491.

校对此展开调查和采取措施。《校园环境法案》提出保障学生和家长作为具体受害人的维权权利，明确了所有学生和家长作为关键利益方维护自己权利的路径。最后，从权责层面，在法律文件中明确界定各方权责。其一，教育部在欺凌防治工作中，承担制定和发布欺凌防治法规的法律责任。其二，界定地方政府权责，地方政府有责任为辖区中小学制定校园行为守则，明确对违反规章所采取的惩戒措施等。其三，界定学校层面的责任，明确指出校长是学校欺凌防治责任的主要负责人，学校教职员工则承担更为具体的学校环境维护责任，包括密切关注学校环境、对欺凌事件进行现场干预、知情汇报等。[1] 挪威政府通过专项法案铸造了一条中央政府（教育部）—郡长—地方政府—校长—教职工的"五级责任链条"。

（三）程序规范，包含治理全过程

挪威中小学校园欺凌防治政策包含欺凌防治工作的各个环节，对事前预防、事中干预和事后处理等做出了细致的程序性规定。首先，在事前预防阶段，政府明确反欺凌的共同价值观、制定行为规范、建立研究机构；学校重视营造安全的校园环境、成立校园欺凌防治的专门组织、与家长建立信任关系等；教师及时传授关于校园欺凌防治的知识与技能、通过教育活动着重宣传校园欺凌的危害性等；学生明晰校园欺凌类型，掌握应对校园欺凌的能力，并且能够及时意识到欺凌现象并寻求帮助。

---

[1] 张倩. 校园欺凌治理的"三驾马车"：对挪威校园欺凌防治制度与实践的考察 [J]. 教育学报，2020（6）：51-61.

其次，挪威中小学校园欺凌防治体系对事中干预的规定最为详细，学校对个案的处理程序和对响应时间都做出了规定。学校必须按照调查问题、制定方案、采取行动、记录过程、评估效果这一基本处理流程来处置，而且要明确行动的具体负责人。最后，在事后处理阶段，一方面，学校或社会团体会对校园欺凌行为迅速采取行动案重点提出了针对欺凌者的两种处罚——转学和停学，并分别规定了处罚的适用行为和条件。另一方面，会对被欺凌者提供心理辅导和支持，以帮助他们恢复自信和建立自我保护的能力。

（四）定期核验，确保实施效果

挪威在实施校园欺凌防范项目之后，会对其成效进行准确的分析和把握，借此准确把握项目进展、效果以及可能存在的问题。校园欺凌是一种牵扯到人的行为和心理的较为复杂的难以测量的现象，而且实际操作起来尤为困难，挪威对项目的开展进行了定期核验，以确保校园欺凌防治政策的实施效果。首先，学校和研究机构采用大范围问卷调查的形式来评估校园欺凌的发生率、频率和类型，同时也包含学生对于校园欺凌防治政策的满意度等。如应用范围最广的 OBPP 项目就是在大量问卷调查的基础上实施。其次，挪威教育部和研究机构会收集各地学校关于校园欺凌防范的统计数据，对欺凌事件数量、地理位置、年龄和性别分布进行分析，以便了解欺凌的趋势和模式，并制定针对性的干预措施。最后，重视校园欺凌防治的时效性。通过定期的数据反馈，不断制定更适宜当前发展的新预防政策。近年来，挪威也将网络欺凌作为关注重点，加强向学生、教师和家长提供关于网络欺凌的教育和意识培训，帮助学生正确识别和应对网络欺凌。

四、挪威中小学校园欺凌防治政策的成效与挑战

挪威是预防校园欺凌较早且成效显著的国家，据世界卫生组织（World Health Organization，WHO）发起的"学童身心健康计划"（Physical and Mental Health Assessment Program for School Children）多年调查结果显示，挪威的校园欺凌发生率一直处于较低水平，且始终保持持续走低的态势。[1] 然而，随着时代的发展，校园欺凌现象也呈现出新的态势。因此，对于校园欺凌的预防和治理不仅不能停止，而且由于其影响的消极更应该继续加强防治。

（一）挪威中小学校园欺凌防治政策的成效

1. 欺凌现象明显改善

挪威中小学校园欺凌防范政策最直观的成效在于校园欺凌事件数量降低。OBPP 项目组成员在挪威教育部的支持下对约58 所中小学进行了大规模的项目评估，此次评估为期 3 年，对学校 8000 多名 4～7 年级的学生进行了 5 次调查。调查结果显示，实施 OBPP 项目后，学生欺凌受害的发生率下降 62%～

---

[1] 张倩，孟繁华，刘电. 校园欺凌的综合治理何以实现：来自现代校园欺凌研究发源地挪威的探索 [J]. 教育研究，2020（11）：70-82.

64%，欺凌行为的发生率下降 33% ~ 52%。❶ 此外，学生反社会行为（如故意破坏、和警察打架、小偷小摸、酗酒等）发生率明显下降，学生对待欺凌的态度发生极大转变，师生关系得到有效缓和，秩序和纪律有所改善。"零容忍方案"在挪威实施后，超过一半的学生认为欺凌的现象有所改善。2018 年，挪威 70% 的在校中小学学生约 447500 名参加了当年的欺凌调查，这一数据远超规定范围的 4 ~ 7 年级学生数量，这表明反校园欺凌行动使得更多的学生自愿参与到反欺凌防治项目中，愿意为校园欺凌防治建设提供自身的真实反馈。❷ 在"学习环境项目"中，专门针对 20 所校园欺凌防治薄弱中小学开展重点监控和支持，经过 2 年的动态追踪，发现这些学校的欺凌率均明显降低，低于挪威欺凌发生率的平均水平。

2. 形成多元主体共同防治关系

自 2002 年《反欺凌宣言》发布以来，社会各界正式结成全国反欺凌联盟。首先，在理念建设上构建了全员参与防治的意识。挪威校园欺凌预防项目在实施上特别重视多方主体的共同参与。校园欺凌现象不单单是教育问题，其治理更是社会共同的责任。其次，在实施行动上，挪威已经形成政府、社会团体、学校、教师和家长共同参与的中小学校园欺凌防治体系。教育部负责制定和发布相关法规、社会团体对校园欺凌概况进行精准调查、学校负责营造安全的校园环境、教师和家长需做

❶ OLWEUS D, LIMPER S P. The Olweus Bullying Prevention Program. Implementation and evaluation over two decades [M] //The Handbook of School Bullying: An International Perspective. New York: Routledge, 2010: 378.

❷ WENDELBORG C. Bullying and Quiet at Work: Analysis of the Student Survey for the Academic Year 2018/19 [R]. Trondheim: NTNU Social Research, 2019: 4.

好引导和支持工作，同时也帮助学生提升识别和应对校园欺凌的技能。最后，在成效考察上，挪威也将校园环境监测纳入学校教学质量评估的重要指标，在此基础上建立了学校绩效管理和问责制度，有效发挥社会各界的监督作用。

3. 全民形成反欺凌意识

挪威对中小学的校园欺凌防治逻辑逐渐转向构建全社会的反欺凌力量，提升公民的反欺凌意识，形成全民反欺凌的社会氛围。首先，挪威政府将开展的欺凌防范项目中的大量实证数据进行公开，任何人都可以关注项目实施状况，既有助于学校和地方更好地检视自身的治理策略，又能够使得关注校园欺凌现象的社会人也发挥自身的监督作用，构建了公民监督和政府问责的双层保障。其次，挪威政府对校园欺凌现象提出，创设"零容忍"的共同愿景。通过对校园欺凌事件进行普及教育、媒体宣传等手段，激发公民的反欺凌意识与积极参与校园欺凌防治。最后，挪威校园欺凌防治的最终目的是构建对校园欺凌零容忍的整体生态环境，嵌套于环境中的制度、政策、法规等只是为校园欺凌防治提供框架，其实质是要呼吁全民关注、全民重视的生态防治体系，维护校园欺凌防治的长久实效。

（二）挪威中小学校园欺凌防治政策的挑战

首先，挪威中小学校园欺凌现象无法根治，欺凌再次抬头。尽管挪威在过去 20 多年采取了很多措施，但受到欺凌的学生人数仍然相对较高，因此有必要采取进一步行动。挪威政府 2017 年公布旨在强化对校园欺凌"零容忍"的新法律草案，对学校处理欺凌事件提出更严格规定，同时赋予学生和家长更多权利。● 挪威政府要求学校应该采取进一步措施，对疑似欺凌现象展开调查、对欺凌事件必须采取快速、有效的措施进行处理，所有工作人员都要负起相应的法律责任。挪威校园欺凌预防项目合理且科学，一个重要的不足是扎根性不足，所以预防校园欺凌的成果虽有但随着时间的推移，效果越来越不明显。特别是随着挪威新课程改革的推行，教育领域的重心发生转移，由此产生了校园欺凌发生率反弹的现象。如挪威科技大学牵头进行的全国学生问卷调查中关于校园欺凌的调查显示，2013 年全国校园欺凌发生率降低到了 4.3%，而 2017 年则反弹至 5.0%，2018 年为 4.6%。❷ 如何维持反校园欺凌的效果是挪威目前反校园欺凌防治的重要任务。

其次，挪威中小学校园欺凌防治实现常态化仍需努力。挪威的中小学校园欺凌防治已经取得一定的成效，但如何使得反欺凌教育常态化，维持和保持治理效果，是挪威当前需要进一步关注的问题。为此，挪威关注校园欺凌防治监督机制和评估机制的构建，让科学研究更好地为基层实践服务和赋能。然而，在监督和评估过程中，校园欺凌的类型越来越多变，对于项目的监督与评价也呈现出复杂化的特点。

最后，网络欺凌为挪威中小学校园欺凌防治带来挑战。随着网络技术越来越深入校园，现实中的欺凌也将逐渐转移至虚

● 新华社. 校园欺凌"零容忍"挪威力推新法案 [EB/OL]. (2017 – 02 – 16) [2022 – 12 – 01]. http：//news. xinhuanet. com/world/2017 – 02/16/c_1120477067. htm.

❷ Utddannings Direcktoratet. School Environment Measures – investigate [EB/OL]. (2019 – 04 – 01) [2022 – 12 – 01]. https：//www. udir. no/laring – og – trivsel/mobbing/ 2019.

拟世界，而网络欺凌的性质独特且影响深远，网络上的欺凌是在一个虚拟的空间中产生的，不仅无法捕捉而且可能会让欺凌的人更加肆无忌惮，加之网络信息的传播速度非常快，由此可能对被欺凌者造成二次伤害。根据挪威教育和研究部下属的教育与培训局 2017 年 6 月发布的中小学生调查报告显示，2016 年挪威有 6.3% 的中小学生遭受过来自同伴和成年人的校园欺凌以及网络欺凌。在接受调查的学生中，40.5% 的人表示学校并不知晓欺凌行为，16% 的人说即使学校知晓欺凌行为，也不采取相应的措施。由此可以看出，随着信息技术的急速提升，校园欺凌出现了新的内容和形式，尤其网络欺凌，不得不引起重视并制定相应的预防措施来进行对抗。目前，挪威对于网络欺凌的定义和相关法律较为缺乏，这也是挪威未来预防校园欺凌的一个重点和突破口。

第二章　美国中小学校园欺凌防治政策

　　欺凌现在被认为是美国校园中常见的受害形式，也是一个重大的学校安全问题。在美国的中小学，校园欺凌情况较为严重，美国不同形式的研究调查结果均表明美国中小学存在相当比率的欺凌发生率。[1] 在2011年美国教育部的研究调查中显示，在学校，大约有28%的12～18岁的学生曾遭受不同形式和不同程度的欺凌（见图2）。[2] 美国犯罪调查校园犯罪科以全国中小学生为总体进行的抽样调查显示，2013年约有22%的学生表明在校期间遭受过校园欺凌。[3] 而根据美国国家防治欺凌中心（American National Bullying Prevention Center）2015年的一项数据显示，每四名美国中小学生中就有一名曾经遭受或正在遭受校园欺凌。[4] 此外，美国教育部2017年的全国调查数据显示，20.8%的学生是校园欺凌的受害者，22%的3～5年级学生有被欺凌的经历，50%的学生表示害怕在学校遭

---

　　[1]　SUSAN P L, MARK A S. State laws and policies to address bullying in schools [J]. School Psychology Review, 2003（3）：445–455.

　　[2]　祁占勇，闫博怡. 美国校园欺凌治理与预防的法律透视 [J]. 法学教育，2018（3）：339–358.

　　[3]　向敏. 中美校园欺凌防治比较研究 [D]. 武汉：华中师范大学，2016：21.

　　[4]　孙蓓，秦飞. 美国中小学教师干预校园欺凌计划的分析与启示 [J]. 教师教育研究，2020（2）：125.

受欺凌。❶ 有研究表明，"一个学期内，在美国中小学学生中，欺凌问题直接涉及大约30%的学生。"❷ 另有研究证实，学生中的欺凌行为对受害者和欺凌者的日后发展均会带来严重的负面影响，并可能严重影响学校的氛围。❸

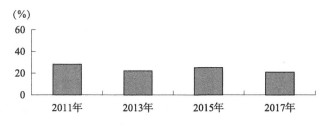

图2　美国中小学校园欺凌发生率

因此，越来越多的人认识到校园欺凌是一个严重的问题，这引发了美国政府、学校、家长和社会的反思——如何提高校园安全、减少校园暴力以解决校园欺凌问题，校园欺凌防治成为美国日益关注的问题。

一、美国中小学校园欺凌防治政策的制定背景

美国中小学校园欺凌问题较为复杂：一方面欺凌行为在美

---

❶ MIDGETT A, DOUMAS D M, JOHNOSTON A D. Establishing school counselors as leaders in bullying curriculum delivery: evaluation of a brief, school – wide bystander intervention [J]. Professional School Counseling, 2018 (21): 1 –9.

❷ LIMBER S P, SMALL M A. State laws and policies to address bullying in schools [J]. School Psychology Review, 2003 (3): 445 –455.

❸ MIDGETT A, DOUMAS D M, JOHNOSTON A D. Establishing school counselors as leaders in bullying curriculum delivery: evaluation of a brief, school – wide bystander intervention [J]. Professional School Counseling, 2018 (21): 1 –9.

国中小学普遍存在；另一方面，校园欺凌给学生带来了严重的危害。为了减少校园欺凌问题，降低校园欺凌所带来的不良影响，美国各界对中小学校园欺凌问题作出了积极回应。在此背景下，美国中小学校园欺凌防治的相关政策应运而生。

（一）欺凌行为在美国中小学校园发生率较高

美国中小学校园欺凌问题是一项严峻的课题。相关研究发现，从美国校园欺凌问题发生的教育阶段来看，校园欺凌问题从学前教育阶段就已经存在，在中学阶段达到峰值，到高中毕业后才开始减少。❶ 美国司法部和教育部 2009 年的一项研究报告指出，在中学生中，有 22% 的学生表示在学校中受到欺凌。此外，有研究发现，25% 的公立学校表示欺凌是学校每天或每周都会发生的问题。❷《美国公立学校犯罪与安全调查结果》（*Findings From the School Survey on Crime and Safety*）反映出 2015—2016 学年美国公立学校学生的欺凌情况，报告指出，21.8% 的初中生表示每天或者至少一周遭受一次欺凌，这一比率远高出高中的 14.7%。❸ 而美国疾病控制与预防中心（Centers for Disease Control and Prevention）指出，在全国范围内有

---

❶ CURRIE C，ZANOTTI C，MORGAN A，et al. Social determinants of health and well – being among young people [J]. Health Behaviour in Schoolaged Children，2019：32 – 40.

❷ 周晓晓. 美国中小学校园欺凌预防干预措施研究 [D]. 上海：华东师范大学，2018：15.

❸ U. S. Department of Education. Findings from the school survey on crime and safety：2015 – 2016 [EB/OL]. [2022 – 08 – 03]. https：www. nces. ed. gov/pubs.

19%的9～12岁的学生表示在学校遭遇过钱财勒索。[1] 此外，美国全国性调查报告结果显示，有一半以上的学生表明曾经是校园欺凌问题的受害者。[2]

综合各项调查研究数据表明，欺凌问题在美国中小学中具有普遍性。造成美国中小学校园欺凌行为普遍存在的原因是复杂的，它是由社会、家庭等因素综合引发的问题。美国中小学校园欺凌防治政策也是基于这样复杂的背景而产生的。

1. 基于种族偏见的校园欺凌

美国是一个多元化、开放性的国家，在这样的社会环境下，各种思想不断地交流碰撞，各种不和谐的因素也随之产生（如种族歧视、性别歧视、性取向差异等），这也在一定程度上加速了校园欺凌问题的发展。《纽约市公立学校基于偏见的欺凌》（*Bias - based Harassment in New York City Public Schools*）报告中指出，基于种族、宗教、国籍和性取向的欺凌行为是最常见的欺凌类型，其中基于种族的欺凌占63%。[3]

美国是一个多种族国家，虽然早在1964年的《民权法案》第六条中就已经明确规定了禁止基于种族、肤色或国籍的歧视，也一直提倡人生而平等，但因种族歧视而产生的矛盾冲突至今

❶ Centers for Disease Control and Prevention：Youth Risk Behavior Surveillance System ［EB/OL］. （2017 - 04 - 15）［2022 - 07 - 28］. https：www. cdc. gov/healthyyouth/data/yrbs/index. htm.

❷ HYMEL S, SWEARER S M. Four decades of research on school bullying ［J］. American Psychologist, 2015（4）：293 - 299.

❸ U. S. Department of Education. Bias - based harassment in New York City Public Schools ［EB/OL］. ［2022 - 08 - 02］. https：//www. ed. gov/news/media - advisories/white - house - appi - initiative - hold - summit - combating - bullying - saturday - new - york - city.

也未停止。❶ 在这样社会背景的影响下，种族歧视慢慢地渗透校园欺凌问题。在学校中，因为种族的不同而形成不平等的同学关系，促使一部分学生肆意地侮辱、谩骂、孤立甚至殴打那些所谓种族地位低的学生。

有报告称，非洲裔美国青年和拉丁裔美国青年在学校比白人青年更容易遭受伤害，而亚裔美国青年比拉丁裔美国青年更容易被欺负或骚扰。对于一些种族和少数民族的青少年来说，他们会遭受语言骚扰、恐吓等各种形式的学校欺凌。除此之外，学校官员对一些种族和少数族裔青少年遭受暴力欺凌的关注度较低。与少数种族和少数族裔青少年的受害情况相比，学校辅导员、教师和管理人员对美国白人青少年遭受暴力和欺凌的关注度相对较高。❷ 此外，亚裔美国法律辩护和教育基金（Asian American Legal Defense and Education Fund，AALDEF）与锡克族联盟（The Sikh Coalition）联合调查了纽约市学校的亚裔美国学生在校遭受欺凌的情况，调查显示，有半数的学生表示自己在学校遭遇了基于偏见的欺凌，这一结果与 2009 年美国司法部的调查结果相似。美国司法部研究发现，近 54% 的亚裔美国学生在班级内受到欺凌，在班级外遭受欺凌的比例要高于美国白人学生 20%。❸

---

❶ 安钰峰. 美国校园欺凌行为的特点评析 [J]. 外国中小学教育，2011 (8)：80 - 82.

❷ ANTHONY A P. Schools, bullying, and inequality：Intersecting factors and complexities with the stratification of youth victimization at school [J]. Sociology Compass, 2012 (5)：402 - 412.

❸ LE A, GUTIERREZ R A E, TERANISHI R T. Anti - Asian Bullying and Harassment：Symptoms of Racism in K - 12 Schools during COVID - 19. The Opportunity for Race - Conscious Policy and a More Equitable California. Research in Brief [J]. Education Trust - West, 2021：1 - 6.

　　除种族偏见外，少数种族和少数族裔的青少年比较容易遭受校园欺凌还有许多潜在的原因，这与社会因素有一定关系，少数种族和少数族裔所就读的学校更可能位于暴力程度较高的社区，这一社会背景下的客观因素也促使少数种族和少数族裔遭受校园欺凌。但是，事物具有两面性。种族差异是造成校园欺凌的原因之一，种族差异可能是被欺凌的原因，但也可能是欺凌他人的原因。美国的校园欺凌在种族间常有发生，但并不总是占主流地位种族的学生会成为欺凌者。研究发现，就读于非白人学校的白人学生被欺凌的比率要远高于就读于白人学校的白人学生，非裔学生在主要是非裔美国人的学校较在其他族裔美国人的学校更多地受到欺凌。这也说明，种族差异引起的校园欺凌比率取决于该学校占绝对数量优势的种族。❶

　　2. 基于性取向差异的校园欺凌

　　美国是一个开放性国家，有不同的种族和宗教，它就好似一个巨大的文化熔炉。不同文化间相互碰撞，也为校园欺凌提供了温床。

　　在美国，关于同性恋、双性恋等性取向问题一直存在激烈的争议，同性恋、双性恋等性少数群体被边缘化，而这种思想也渗透学校。同性恋、双性恋、变性人等青年在他们的生活中经常受到来自周围人的骚扰、虐待和欺凌，包括他们所在的社区和学校的成员。美国学校对同性恋、双性恋、变性人等群体的欺凌现象十分普遍。这种欺凌包括语言骚扰、侮辱性行为以及身体攻击。在一项调查中，90%的性少数群体的学生报告说

---

❶ STERHANIE A. The student's perspective: Exploring ethnic group variances in bullying behavior using mixed methods research [D]. Chicago: Loyola University Chicago, 2013.

受到过用"同性恋"这个词来贬损他们，超过80%的性少数群体表示受到过口头骚扰，甚至还有近半数的性少数群体学生因为他们的性取向而受到身体攻击。❶ 性少数群体很少在学校里享有平等的权利和平等的保护。另外，学校还会侧面助长对性少数群体学生的欺凌行为。学校中的主流文化企图将性少数群体学生边缘化，甚至歧视个人或团体，这可能会加剧其他学生对性少数群体学生的压迫和欺凌。例如，当一个学区拒绝学生成立"同性恋异性恋联盟"或组织，以遏制和解决性少数群体学生的骚扰和欺凌时，当地学区也就侧面默许或助长了对性少数群体学生的欺凌行为。

3. 网络文化冲击下的网络欺凌

随着现代信息科技技术的迅猛发展，网络深入校园，网络欺凌成为校园欺凌的新形式。美国康涅狄格州在2011年7月通过《校园欺凌法》，将网络欺凌定义为"通过网络、数字互动技术、移动电话或其他移动电子设备或任何电子通信交流方式的欺凌"❷。美国国家教育数据统计中心（NCES）通过调查统计发现，2005—2017年遭受过校园欺凌的12~18岁学生的百分比从29%下降至20%，但是网络欺凌从6%上升至11%。❸ 这说明美国传统的校园欺凌类型正在减少，但是随着网络时代的到来，网络欺

❶ ANTHONY A P. Schools, bullying, and inequality: intersecting factors and complexities with the stratification of youth victimization at school [J]. Sociology Compass, 2012 (5): 402-412.

❷ 李普，苏明月. 美国应对校园网络欺凌的策略及启示 [J]. 中国青年社会科学，2017 (11): 32-36.

❸ National Center for Education Statistic. Indicator 10: Bullying at school and electronic bullying [EB/OL]. (2017-05-13) [2022-07-25]. https://nces.ed.gov/programs/crimeindicators/ind_10.asp.

凌的发生率正在上升。网络欺凌将成为新的校园欺凌形式,因为电视、网络以及其他媒体方式对暴力和欺凌的传播成为校园欺凌行为的主要习得来源。网络欺凌已经成为一种新颖的、特别具有伤害性的欺凌方式。通过使用数字通信(网络帖子、短信、推文),欺凌的施暴者可以在持续的公共羞辱中行使巨大的权力。

美国学者齐默尔曼(Zimmerman F. J)等在 2005 年的一项研究中指出,即使是面向家庭的电视节目中也带有许多暴力和欺凌的场景,这也就意味着孩子接触电视时间越久,他们所能目睹的欺凌行为也就越多。仅是通过电视这一单一传统的媒介,学生们就可以学到殴打、辱骂、污蔑等欺凌行为。儿童暴露在大量暴力和欺凌行为的媒体环境中,久而久之就催生了校园欺凌。❶ 在美国加州的一项研究中发现,青少年长期暴露在美化暴力、美化欺凌的环境中,潜意识里就会减少对暴力行为和欺凌行为的抵制,甚至会认为一定程度上的暴力和欺凌是被允许的,并且将欺凌和暴力作为解决冲突的正确方式。❷

网络文化对儿童以及青少年影响深远,容易引发校园欺凌问题。2010 年的一项研究结果显示,在美国有近半数的中学生是网络欺凌的受害者。❸ 网络欺凌对被欺凌者造成的严重伤害,

---

❶ ZIMMERMAN F J, GLEW G M, CHRISTAKIS D A, et al. Early cognitive stimulation, emotional support, and television watching as predictors of subsequent bullying among grade – school children [J]. Archives of pediatrics & adolescent medicine, 2005, 159 (4): 384 – 388.

❷ O'MALLEY M D. Prevailing interventions to address peer victimization at school: A study of California School Psychologists [J]. California School Psychologist, 2009 (1): 47 – 57.

❸ 徐建华, 李季. 美国初中校园欺凌问题的规避策略及启示 [J]. 教学与管理, 2018 (10): 80 – 82.

可能会导致受害者不愿面对大众，自我封闭，严重者甚至会产生抑郁、焦虑的情绪，选择轻生。所以，以网络为载体的新型校园欺凌危害更加严重。

（二）校园欺凌给美国社会带来严重的危害

一方面，相关研究数据表明，校园欺凌对行为、心理健康有严重的不良影响，不仅会对那些受害者产生不良影响，对于欺凌者和旁观者也是如此。遭受欺凌的儿童和青少年很可能在多方面受到这种经历的严重影响。被欺凌的学生往往具有焦虑、自卑、抑郁、自杀等倾向。有关研究表明，受害学生可能会出现更加严重的心理问题，许多在童年或青春期发生的问题很可能会持续到成年后。❶

另一方面，美国开放程度较高，枪支管理松散，枪支有流入校园的风险。被欺凌者在遭受长期的暴力后，很可能会产生以暴制暴的报复心理，在这样的心理影响下，枪支泛滥会造成严重的社会伤害事件。同时，还有许多研究表明，欺凌者在短期和长期内都有相当大的概率去从事其他反社会的暴力行为。在这种背景下，美国各界对校园欺凌防治的关注度日益增高。

1. 伴随欺凌行为而产生的负面情绪影响学生发展

校园欺凌所带来的伤害并不会随着时间的推移而有所缓解，受害者在长时间内都无法摆脱欺凌的负面效应，并会产生与欺

---

❶ OLWEUS D. Bullying at school and later criminality: findings from three Swedish community samples of males [J]. Criminal Behaviour and Mental Health, 2011 (3): 151–156.

凌问题相关的，如抑郁、自杀等倾向的心理问题。相关研究进一步指出，儿童青少年时期的欺凌经历会使被欺凌者自我效能感降低，怀疑自我存在价值，情绪消沉，甚至会自卑、抑郁，产生悲观厌世的消极情绪。[1] 在影响严重的情况下，欺凌会使受害者产生创伤后应激障碍。同时，与未受欺凌的学生相比，经常遭受欺凌的学生更容易抑郁，产生自杀想法，而欺凌者在青少年时期参与暴力与欺凌行为，成年后赌博犯罪、滥用药物、实施虐待的概率也高于普通人。此外，欺凌行为中的旁观者也同样会受到此类影响，他们吸烟、酗酒的风险也会增加，患上焦虑和抑郁等精神疾病的可能性更高，还会产生厌学或逃学的行为。[2] 校园欺凌导致的学生自杀进一步催生了美国中小学校园欺凌防治政策的出台。

2. 欺凌行为的负面效应引发社会危害

"科伦拜恩大屠杀"将美国公众对中小学校园欺凌防治的关注度推向顶峰。1999 年 4 月 20 日，美国科罗拉多州科伦拜恩高中的两名学生持枪进入校园，四处扫射，造成 13 人死亡，20余人受伤，两名凶手最后自杀身亡。[3] 这堪称美国历史上最血腥的校园枪击案之一。科伦拜恩高中枪击案的调查结果显示，实施枪击的两名学生长期遭受校园欺凌与孤立，在一定程度上，正是其内心不断积累的怨恨和压抑的愤怒使他们在校园内实施

[1] HONIG A S, ZDUNOWSKI - SJOBLOM N. Bullied children: parent and school supports [J]. Early Child development and Care, 2014, 184 (10): 1378 - 1402.

[2] KLOMEK A, MARROCCO F, KLEINMAN M, et al. Bullying, depression, and suicidality in adolescents [J]. Journal of the American Academy of Child and Adolescent Psychiatry, 2007, 46 (1): 40 - 49.

[3] SPRINGHALL J. Violent media, guns and moral panics: The Columbine High School massacre, 20 April 1999 [J]. Paedagogica historica, 1999, 35 (3): 621 - 641.

报复行为。❶

不仅如此,多年后在美国校园中仍发生了多起校园枪击案。2006 年 10 月,宾夕法尼亚州的一所社区学校内发生枪击案,造成 5 名女生死亡,凶手也在枪击过程中饮弹自尽。2012 年在康涅狄格州的桑迪·胡克发生枪击案,造成包括枪手在内的 28 人丧生,其中 20 人是儿童。据美国《赫芬顿邮报》统计,自 2012 年康涅狄格州枪击案以来,已经发生 142 起校园枪击案。2015 年,截至 10 月 1 日,已经发生 45 起校园枪击案,其中 9 月就发生了 4 起中小学枪击案。一系列校园枪击案引发了社会的广泛关注。而这些令人痛心的枪击案中的枪手多有被长期欺凌的经历。❷

近年来,美国校园暴力死亡事件不胜枚举,仅在 2017 年 7 月至 2018 年 6 月的一个学年内,全美公立中小学就有 50 余起校园暴力致死事件发生。❸ 美国公众逐渐意识到,校园攻击性暴力行为的产生与校园欺凌具有紧密的联系,美国开始普遍重视校园欺凌问题的研究。

二、美国中小学校园欺凌防治政策的具体内容

近年来,美国联邦政府与各州政府共同协作,并与地方政

---

❶ Columbine school shooting: When bullying goes too far [EB/OL]. [2022 - 08 - 01]. https://nobullying_com/columbine - school - shooting/.

❷ 信莲. 美国枪击案枪手照片曝光 携带四支枪进入校园 [EB/OL]. [2022 - 08 - 18]. http://news. 163. com/15/1002/11/B4TVC5CL00014SEH. html.

❸ 周晓晓. 美国中小学校园欺凌预防干预措施研究 [D]. 上海:华东师范大学, 2018.

府和学区共同推进校园欺凌治理。通过立法、建构防治体系、完善制度等举措,美国中小学校园欺凌防治政策获得了突破性的进展。

(一)建立立法,为防治校园欺凌提供法律保障

面对校园欺凌问题,美国采取立法先行、综合整治措施,为防治校园欺凌取得了一定的成效。在针对校园欺凌立法方面美国起步较早,校园欺凌法律法规体系相对完善(见图3)。

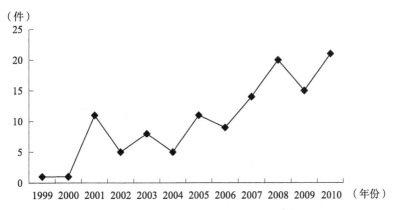

图3 美国立法高峰时期各州共出台反欺凌法案数量

资料来源:U. S. Education Department Releases Analysis of State Bullying Law and Policies [EB/OL]. [2022 - 10 - 19]. https://www2. ed. gov/rschstat/eval/bullying/state - bullying - laws/state - bullying - laws. pdf.

1. 联邦政府层面

尽管美国目前还未出台联邦反欺凌法案,但联邦政府一直十分关注校园欺凌问题,在各州立法的过程中给予了强大的支持,并且不断出台新的法律规制以及修订以往的法律条款,这

为各州的校园欺凌立法提供了重要的理论及依据。

从相关联邦法规来看，美国校园欺凌立法秉持了人权神圣不可侵犯的突出理念。美国教育部公民权利办公室的一项指示表明，某些形式的欺凌必须作为侵犯公民权利的行为来处理。2010 年，美国教育部公民权利办公室向全国各地的学校发送了一封名为"亲爱的同事"的信，就如何处理已经上升到侵犯公民权利的欺凌行为提供指导。美国教育部公民权利办公室强调，这封信的核心在于学校管理者应该认识到根据联邦法律，某些形式的欺凌已经构成歧视性骚扰。正如信中所述，如果基于种族、肤色、国籍、性别或残疾的欺凌行为足够严重或普遍，干扰了学生从学校中获益的权利，那么这可能是一种侵犯公民权利的行为。❶ 另外，美国教育部公民权利办公室指出，当被欺负的学生被认定为联邦公民权利侵犯的受害者时，学校不仅有义务阻止这种侵犯，而且必须消除任何敌对环境及其影响，并采取措施防止欺凌再次发生。

此外，在联邦法律中与校园欺凌有关的还包括《公民权利法》《复兴法》《教育修正案》《美国残疾人法》等。❷ 这些法案从保护公民权利的角度间接地保障了学生的身心安全。联邦政府还颁布了一系列与校园安全有关的法案。1990 年颁布了《校园安全法》，该法律要求学校提供欺凌的快速举报渠道，建立校园欺凌防治的体系。如学校未对校园欺凌行为做出妥善处

---

❶ DEWEY C, SUSAN P L. Law and policy on the concept of bullying at school [J]. American Psychologist, 2015（5）：333 – 343.

❷ Stopbullying. State Anti – Bullying Laws & Policies ［EB/OL］. ［2022 – 08 – 03］. https：//www. stopbullying. gov/resources/laws.

理，那么将会面临处罚。● 受科伦拜恩枪击案的影响，联邦政府颁布了《预防儿童接近枪支法》以及相应的《改善校园环境法》，以进一步加强美国校园安全建设。

为了进一步加强校园欺凌的防治，2001 年颁布了《不让一个孩子掉队》法案，该法案使联邦政府从法律上对治理校园欺凌问题提出了刚性要求。2002 年，美国教育部发布了《早期预警、及时应对：校园安全指南》，其中对校园欺凌的内涵进行了阐释，较为全面地描述了校园欺凌的表现和甄别方法，为学校防治校园欺凌提供了一定的参考。● 2010 年以来，美国联邦教育部和司法部等有关部门，定期开展联邦反欺凌峰会，商讨校园欺凌的立法及防治政策。● 联邦立法在防治校园欺凌方面起到了一定的导向与指引作用，但也存在一定的局限性，因此，各州在联邦法律的基础上对校园欺凌进行专门立法，并取得了一定的成效。

2. 州政府层面

美国属于联邦分权的国家，各州具有独立的立法权。许多州立法机构有意通过法律影响包括欺凌在内的校园暴力预防政策的制定。1999 年，佐治亚州颁布了反欺凌法，成为全美第一

● 李云鹏. 美国保卫校园的安全机制 [J]. 外国中小学教育，2011 (2)：62 – 66.

● 崔总合，吕武. 新世纪以来美国校园欺凌治理的进展、经验与启示 [J]. 教学与管理，2018 (12)：114 – 117.

● SISAYE S. 2016 Federal bullying prevention summit explores themes of tolerance and inclusion [EB/OL]. (2016 – 09 – 27) [2022 – 07 – 28]. https：//www. stopbullying. gov/blog/2016/09/27.

个通过欺凌立法的州。❶ 此后，美国所有州都制定了与校园欺凌防治相关的法律法规，用以指导学区或学校制定解决校园欺凌的政策。州法律一直是减少校园欺凌行为的法律工具，州立法为保护在校儿童提供了重要工具。1990—2010 年，各州立法机构制定了 120 多个法案，引入或修订了针对校园欺凌问题的教育或司法法规。❷

在州立法层面，许多州的法律强调对校园欺凌事件的调查和报告。超过 1/3 的州法律明确要求或鼓励学校工作人员报告所知情的欺凌事件，大约 2/3 的州法律要求或鼓励学区制定调查校园欺凌事件的程序。同时，美国 3/4 的州要求或鼓励学校惩罚欺凌者，大多数州法律中都包含对后果和补救行动的相关规定，还有少数州授权学校具体的严厉的惩罚措施，包括停学、开除或转学。

除此之外，各州将制定校园欺凌防治政策的责任放在学校董事会上，其中以路易斯安那州的法规最为典型，法规要求每个城市、学区和其他地方公立学校董事会应采用禁止其他学生骚扰、恐吓和欺凌学生的政策，并将其纳入学生行为守则。同样，佐治亚州立法者要求每个教育委员会都应制定适用于 6～12 年级学生的校园欺凌防治政策。❸ 其他州也要求或建议每个学校制定相关校园欺凌防治政策，将其作为校园安全计划的一部分。

❶ U. S. Education Department. Releases analysis of state bullying laws and policies [EB/OL]. [2022-08-05]. https：//www2. ed. gov/rschstat/eval/bullying/state-bullying-laws/state-bully-ing-laws. pdf.

❷ CORNELL D, LIMBER P. Law and policy on the concept of bullying at school [J]. American Psychologist, 2015 (5)：333-343.

❸ LIMBER S P, SMALL M A. State laws and policies to address bullying in schools [J]. School Psychology Review, 2003 (3)：445-455.

（二）完善校内管控，制定校园欺凌防治工作预案

人们普遍认为，校园欺凌的防治需要整个学校的参与。首先，学校要制定校园欺凌防治工作的相关方案，细化校园欺凌问题的预防与干预工作。其次，要建立安全的校园环境，降低校园欺凌发生的概率，赋予学生安全感。最后，通过课程培训提高教师的反欺凌意识和能力，加强学生的管理与教育，让学生意识到既不能做欺凌者，又要懂得如何应对欺凌行为。

1. 制定校园欺凌防治方案

为了更好地处理校园欺凌问题，美国政府要求学校制定校园欺凌防治专项预案。2001 年，美国教育部发布《保护我们的孩子行动指南》（*Safeguarding Our Children: an Action Guide*），分别从校园欺凌的预防、早期干预和个性强化服务三个层面为学校提供校园欺凌防治的具体操作步骤。❶ 在纽约市，校长和教师被赋予了严格管理学生的各项权力，制定欺凌事件的报告制度，同时鼓励学校开展校园欺凌防治培训等。在联邦政府和州政府的监督下，各学区和学校加强校园欺凌防治工作，建立校园欺凌防治预案。

学校关于校园欺凌的方案主要包括预防性方案和干预性方案。有一些方案主要强调发展积极的课堂氛围，学校认为，如果课堂上师生之间的关系是积极的，那么儿童就不会倾向于从事欺凌行为。还有的方案将重点放在打击社会偏见和不良态度

---

❶ DWYER K, OSHER D. Safeguarding Our Children: An Action Guide. Implementing Early Warning [M]. Washington DC: US Department of Education, 2000: 17 – 27.

上，如种族主义和性别歧视。此外，有的方案强调课程在校园欺凌防治中发挥着重要作用，通过课程培训，学生可以明确哪些行为构成欺凌，欺凌会对受害者造成怎样的伤害，以及当学生遇到欺凌时可以在学校获得哪些帮助。而且，在课程培训中学生可以学习有关反欺凌行为的技巧。

2. 建立安全的校园环境

学校是防治欺凌的主阵地。安全的校园环境一方面可以给予学生安全感，另一方面还会对欺凌者起到震慑作用。为此，美国颁布的《校园安全法》确立了校园警察的法律地位。州政府派校园警察入驻学校，负责学校的秩序维护，至今，各州学校的校园警察机构均已建立完备。并且，在美国中小学的校园设有报警亭，在那里可以直接按键拨通警局电话。校园警察在校园欺凌的防治中居于突出地位。

如今，随着科学技术的发展，美国大多数中小学已经建立和安装了全方位、多功能电子信息防控体系和通信设备，可以对学校进行全区域 24 小时监控，以便问题产生时及时作出反应。不仅如此，为了防止学生将枪械等危险物品带入校园，许多学校安装了金属探测设备。除了先进的科学设备外，在美国，中小学还建立了巡逻制度，由专业的安保人员或者校园警察对校园欺凌的多发区域进行重点排查。

校园警察的法律地位对欺凌行为具有一定的震慑作用，而校园中先进的科学设备实时监控着每一处，二者共同助力于安全校园环境的营造，在一定程度上遏制了校园欺凌事件的发生。

3. 增强教职员工的反欺凌意识和能力

教师作为学校的重要成员，在学生的学习生活中起着至关重要的作用。教师在校园欺凌情境中也是最重要的"旁观者"。而教师防治校园欺凌意识的强弱会影响其在面对欺凌行为时采取干预行动的可能性。教师作为学校反欺凌的中坚力量，增强其反欺凌意识和能力是重中之重，而课程培训是增强教师反欺凌意识和能力的最佳方法。

研究表明，教师如果获得校园欺凌防治的相关培训，那么将更愿意主动介入校园欺凌的干预。鲍曼、里格比等在 2008 年进行了一项研究，该研究将被试教师分为实验组和对照组，研究结果显示，在学校参加过教师预防和干预校园欺凌培训项目的教师不太可能无视或放任校园欺凌行为的发生，他们会利用在培训中所学的方法去制止和干预校园欺凌行为。[1] 因此，美国在中小学校园欺凌防治政策中十分重视对教师的培训。政府和中小学教育机构就一系列欺凌问题建立了防治培训体系——CPI 危机处理干预课程。[2]

在美国中小学校园欺凌防治政策中，不仅教师需要进行有关校园欺凌防治的课程培训，学校与学生有着紧密联系的所有人员都要接受培训，包括校长、校医、校车司机等。2011 年 6 月，美国教育部发布专用于校车司机的反欺凌工具包，经过培训的司机反馈，经过学习，他们更有能力在校车上解决欺凌问

---

[1]　BAUMAN S, RIGBY K, HOPPA K. US teachers' and school counselors' strategies for handling school bullying incidents [J]. Educational Psychology, 2008, 28 (7): 837 – 856.

[2]　WEAVER L M, BROWN J R, WEDDLE D B, et al. A content analysis of protective factors within states' antibullying laws [J]. Journal of School Violence, 2013 (2): 156 – 173.

题。❶ 在此基础上，美国教育部又发布了一套免费的培训课程，供授课教师和教育工作者使用，以提高教职员工干预欺凌行为的能力，减少校园欺凌问题的发生。其中，新泽西州将校园欺凌防治培训纳入教师专业发展中。新泽西州规定教育行政管理人员和教师必须在五年专业发展周期内完成一系列的与校园欺凌有关的培训，并且将有关校园欺凌的培训纳入教师资格认定中。

4. 强化学生反欺凌教育

校园欺凌的防治离不开对学生反欺凌意识与能力的培养。美国不仅注重校园的安全保卫工作，而且十分关注培养学生反欺凌意识和自我保护能力。

一方面，美国通过课程培养学生的反欺凌意识，在课程中设置安全教育课，提高学生的反欺凌意识，认识校园欺凌带来的危害，并学会在面对校园欺凌时如何保护自己，以及当其他学生遭受欺凌时，旁观者应该怎么做。通过专门的课程培训，教授学生正确处理校园欺凌的方法，帮助学生建立正确的是非观，鼓励学生发展良好的同伴关系。这样的专业课程在美国大多数公立学校都有设置，在阿拉米达联合学区的林肯中学就开设了一门名为"拒绝欺凌"的主题课程，该课程每月举行一次，以培养学生的反欺凌意识和能力。❷ 还有在奥克兰联合中学开设的"对欺凌说不"的主题课程，也是学校防治欺凌的一

---

❶ 周晓晓. 美国中小学校园欺凌预防干预措施研究［D］. 上海：华东师范大学，2018：43.

❷ Lincoln Middle School. Lesson plan［EB/OL］.［2022 - 08 - 05］. https：// lms - alamedausd - ca. schoolloop. com/lessonplan.

种体现。❶

　　另一方面，学校将反欺凌意识的培养渗透日常教学。加利福尼亚州的《安全学校：行动规划指南》规定，要将反欺凌意识的培养融入课堂。❷ 学校强调在日常课程中渗透亲社会理念，运用榜样效应和跨年龄指导的方式来进行亲社会理念的渗透。如在加利福尼亚州的普莱森顿中学开展的"橙色团结日"（Unity Day – Wear Orange）要求全校师生在这一天穿着橙色衣服，表示对校园欺凌的反对，倡导团结友爱、理解包容的校园理念。❸ 专门课程的培训和日常教学中渗透的反欺凌理念培养了学生对不同文化的包容与尊重，帮助学生理解不同文化间的差异，减少了矛盾和误会的产生，从而降低了一些基于偏见的校园欺凌的发生比率。❹

5. 加强干预与疏导

　　在美国，州政府及有关法律要求学校及时报告校园欺凌事件。对校园欺凌事件的处理也较为严格，对于欺凌者，情节轻者进行批评教育或社区服务，而情节严重者则会作出停学或退学的严肃处理。除此之外，还会对旁观者和知情不报者等一系列人员一并进行处理。然而，除了对相关人员进行处罚外，学

---

❶　Oakland Unity Middle School. Class project ［EB/OL］. ［2022 – 08 – 05］. https：www. unitymiddle. org/class – project/.

❷　California Legislative Information. 2007 Education Coad 48900 ［EB/OL］. （2007 – 05 – 20）［2022 – 08 – 03］. https：//leginfo. legialature. ca. gov/faces/codes_display Section. xhtml? law Coad = EDC&section Num = 48900.

❸　Pleasanton Middle. Unity day – wear orange! ［EB/OL］. ［2022 – 08 – 04］. https：//pleasantonmiddle. pleasantonusd. net/apps/events/2020/10/21/8577427/.

❹　California Department of Education. Bullying at school ［M］. California：CDE press，2003.

校还会关注对欺凌者、受害者以及旁观者的心理疏导。

校园欺凌事件会对学生产生消极的心理影响。在美国，心理疏导作为反欺凌的重要举措也得到了普遍的重视。在校园欺凌事件发生后，学校会按照相关要求对欺凌事件的有关人员进行心理咨询服务。学校会聘请专业的心理医生帮助分析学生出现欺凌行为的原因，帮助其改正错误。并且，反欺凌委员会会介入重大的校园欺凌事件，组建专家团队进行研究分析，为欺凌者制定个性化的心理疏导方案。❶

康涅狄格州和佛罗里达州要求教育委员会制定并实施一项有关解决校园欺凌问题的计划，该计划包括为欺凌者和受害者提供心理疏导服务。❷ 提供心理疏导能够使受害者的心理创伤得到治疗，有利于受害者的心理重建。此外，学校还会密切关注受害者，加大对欺凌事件多发地点的巡视力度，减少欺凌者和受害者的接触机会，为欺凌双方调换座位或教室。❸

对于欺凌事件，不仅要惩罚欺凌者，关注受害者的心理健康，更加要注意旁观者，引导旁观者帮助欺凌者，同时树立积极的心态。❹ 并且，对旁观者也要适时地进行心理疏导，防止欺凌事件使其产生心理阴影。

---

❶ California Legislative Informaton. 2016, Education Coad 48900.9 ［EB/OL］. (2018－01－02）［2022－08－06］. https：//leginfo. Legialature. ca. gov/faces/codes_display Section. xhtml？law Coad＝EDC&section Num＝48900.9.

❷ 祁占勇，闫怡博. 美国校园欺凌治理与预防的法律透视 ［J］. 法学教育研究，2018，22（3）：339－358.

❸ California Department of Education. Safe school ［EB/OL］. （2016－01－23）［2022－08－03］. https：//www. cde. ca. gov/ls/ss/.

❹ 刘冬梅，薛冰. 美国校园欺凌的防治策略及借鉴 ［J］. 河南师范大学学报，2020，47（2）：151－156.

（三）建构校园欺凌防治项目，促进校园欺凌问题的解决

针对中小学校园欺凌问题，美国联邦政府、州政府、学校以及社会组织等多方面建构校园欺凌防治项目，在防治欺凌问题中，为学校提供了强有力的抓手，以便更好地解决校园欺凌问题。

1. TSP 项目

由于校园欺凌问题日益严重，政府、学校、教育研究者等开始意识到在学校开设预防欺凌课程的重要性。20 世纪 60 年代中期，约翰逊兄弟研发的"教学生成为和平缔造者项目"（Teaching Students to be Peacemakers initiative，TSP）是美国第一个冲突解决教育项目。[1] 它是基于社会互赖理论，重点在于教授学生了解冲突的本质，以及如何使用协商、调解等方式解决同伴间的冲突。

2. 奥卢维斯欺凌预防计划

奥卢维斯欺凌预防计划是由挪威卑尔根大学的心理学教授丹·奥卢维斯博士发起的。20 世纪 90 年代，奥卢维斯博士与南卡罗来纳州克莱姆森大学的林贝尔博士密切合作，在美国实施评估了奥卢维斯欺凌预防计划，并取得了积极的成果。

奥卢维斯欺凌预防计划是一个以学校为基础的项目，旨在

---

[1]　CELESTE A. Peer mediation in United States high schools ［D］. Minnesota：College of Saint Benedict & Saint John's University, 2013.

减少学校存在的欺凌问题，防治新的欺凌问题，并在学校实现更好的同伴关系。这些目标是通过重建学校环境来实现的。奥卢维斯欺凌预防计划包括学校、课堂、个人以及社区四个层面，试图从多角度缓解校园欺凌问题。在学校层面，奥卢维斯欺凌预防计划在学校范围内进行奥卢维斯欺凌问卷调查，以确定学生中发生欺凌的比率和特征；并在学校建立欺凌预防协调委员会，对所有教职员工进行培训，以解决欺凌问题；另外，制定相关课程，强调全校禁止欺凌的规则，同时促进学生之间建立相互尊重的健康关系。在课堂层面，教师要进行反欺凌的课程教育，关注学生之间的同伴关系，定期举行班级会议，教师还要与家长进行关于校园欺凌的沟通和讨论。在个人层面，增强学生对欺凌问题的认知，掌握一定的反欺凌技能，培养坚决反欺凌的态度，制订旁观者干预计划。在社区层面，改进社区意识，使社区成员参与欺凌预防委员会，社区与学校形成伙伴关系，支持学校的欺凌预防计划，同时在社区进行反欺凌宣传。奥卢维斯欺凌预防计划通过这些机制相互配合，改善学校、课堂、社区的氛围，增强学生的反欺凌意识，以减少欺凌事件的发生。

3. PBIS 校园反欺凌计划

鉴于校园欺凌对学生的发展造成了不良影响，给社会带来了不稳定因素，美国掀起了"积极行为干预和支持模式"（Positive Behavioral Intervention and Support，PBIS）下的校园反欺凌计划的浪潮。

1997 年，美国俄勒冈大学获得拨款筹建了 PBIS 国家中心。自该中心成立以来，PBIS 项目已经在美国的 28 个州，为超过

1.6万所中小学提供了培训服务。❶ PBIS 校园反欺凌计划关注的不是具体的干预方法或事件措施，而是注重一个过程。它强调以循证的方式，通过发展教师积极的干预行为和运用系统改变的方法，调整学校内学生个体与学校环境的关系，从而减少校园欺凌问题，改善学生在学校的行为干预模式。

PBIS 校园反欺凌计划包括停止、离开、报告三个步骤。"停止"是指教师要教授学生在学校范围内使用停止信号，即当学生遭受欺凌时，要快速地用口头语言或肢体语言对欺凌者说"不"，传达制止欺凌的信号。"离开"是指当被欺凌者已经发出制止信号后，欺凌者仍然继续欺凌行为，在此情况下，被欺凌者要尽快逃离欺凌现场。如果在实施前两个步骤后，欺凌行为仍未停止，那么第三步就是必须向学校或老师报告。

PBIS 校园反欺凌计划三层分级干预模式已通过美国专家的评估和审查，在中小学校内的实际应用中也取得了良好的效果。❷

4. STAC 校园欺凌干预项目

在校园欺凌中既有欺凌者和被欺凌者，还有旁观者，旁观者也是干预校园欺凌的潜在力量。STAC 策略（转移注意力 – Stealing the Show，寻求帮助 – Turning it Over，陪伴安慰 – Accompanying others，换位思考 – Coaching Compassion）。❸ 着眼于旁观

---

❶ 陆哲恒，孙蓓. 美国中小学校园欺凌防治的标本兼治之道：以"美国 PBIS 校园反欺凌计划"为例 [J]. 现代中小学教育，2022（4）：83 – 89.

❷ BRADSHAW C, WAASDORP T, LEAF P. Examining the variation in the impact of school – wide positive behavioral interventions and supports [J]. Pediatrics, 2012, 10（5）：1136 – 1145.

❸ Boise State University. STAC – A brief bullying bystander intervention program for schools [EB/OL]. [2022 – 08 – 03]. https：//education. Boisestate. edu/counselored/ stac – brief – bullying – intervention – program/.

者在欺凌中的作用，尝试通过对旁观者的培训来减少校园欺凌事件的发生。

STAC 校园欺凌干预项目是由美国博伊西州立大学支持开发的，该项目主要在美国西北部地区进行推广。STAC 校园欺凌干预项目以预防、解决欺凌问题为出发点，以学校辅导员为领导核心，旨在通过学校辅导员提高学生辨别校园欺凌行为的能力，培养学生使用 STAC 策略。

美国学校辅导员协会认为，学校辅导员是学校内的系统变革推动者，而 STAC 校园欺凌干预项目的特点就在于项目的实施者由教师转换为学校辅导员。❶ STAC 校园欺凌干预项目具体包括以下四部分内容：第一，转移注意力，具体指旁观者可以以与自身个性相符的、幽默的方式转移欺凌者及其伴随者的注意力。第二，寻求帮助，培训旁观者如何在校园中寻找可以帮助解决欺凌问题的成年人。第三，陪伴安慰，面对欺凌，作为旁观者要以关心友爱的态度接触被欺凌者，使被欺凌者感到关心和温暖，并且要帮助被欺凌者认识到欺凌是不可接受的行为。第四，换位思考，在欺凌行为发生时或发生后，旁观者选择恰当的时机与欺凌者建立联系，并尝试让欺凌者换位思考，体会被欺凌者的感受，以认识到欺凌行为的不恰当性。

5. "期待尊重" 项目

"期待尊重" 项目是由 Safe Place 公司开发的，Safe Place 公司是德克萨斯州奥斯汀唯一提供综合性暴力预防和干预服

---

❶ MIDGETT A, DOUMAS D M, JOHNSTON A D. Establishing school counselors as leaders in bullying curriculum delivery: evaluation of a brief, school – wide bystander intervention [J]. Professional School Counseling, 2018, 21 (1): 1 –9.

务的公司。"期待尊重"项目的目标是让学校所有成员都参与到对学生欺凌的识别和应对中来。"期待尊重"项目包含五个组成部分：课堂课程、员工培训、政策发展、家长支持、校园支持服务。

第一，在课堂课程方面，该项目为学校的学生提供 12 周的反欺凌课程。开设防欺凌课程目的是帮助学生区分开玩笑式的戏弄与伤害性戏弄的欺凌，增强学生对欺凌的认识，并培养学生应对欺凌的技能。该项目鼓励学生成为"勇敢的旁观者"，当看到有人被欺凌时，可以大声说出来，或者向成年人寻求帮助。这些课程内容包括课堂讨论以及目睹欺凌时如何进行干预的角色扮演。选择防欺凌课程是因为它侧重于提高旁观者的干预能力和意愿，从而降低欺凌行为的发生比率。

第二，在员工培训方面，在项目开始前，对学校管理者、辅导员和教师进行 6 小时的培训。此外，每个学校每学期为所有人员提供 3 小时的培训。[1] 培训课程结合讲座、讨论和体验活动。培训的目的是提高对欺凌的认识，并使学校工作人员能够有效地应对或报告校园欺凌事件。

第三，在政策发展方面，"期待尊重"项目鼓励学校管理者制定一项校园反欺凌政策，以确保学校所有工作人员在面对欺凌事件时可以作出一致的反应。为了促进政策的制定，该项目为学校提供了相关的政策模板。

第四，在家长支持方面，每年每所学校都会举办两次教育讲座。每学期家长都会收到关于学生的信息。信息包括项目活

---

[1] SMITH P K, PEPLER D, RIGBY K. Bullying in schools: how successful can interventions be? [M]. New York: Cambridge University Press, 2004: 221 – 235.

动的最新情况，学生的防欺凌课堂工作，处理欺凌主题的儿童书籍的阅读清单，以及学校和社区资源的信息情况。

第五，在校园支持服务方面，学校会为校园欺凌的受害者提供咨询服务。除了为学生提供疏导服务外，还会为学校辅导员提供专门的辅导，以帮助辅导员有效地应对"顽固性"欺凌者或被欺凌者。

6. 校园欺凌防控项目

校园欺凌防控项目（Bully – Proofing Your School，BPYS）"以独特的课程设置为基础，以全员参与、全员共治为前提，以改善学校氛围为防治根本，以家校社区配合为工作指导"，❶在校园欺凌防治中发挥了重要作用。

校园欺凌防控项目是一个基于学校的全员式的欺凌干预项目。项目的开发者为项目实施的指导和监督制定了三份文件，分别是针对教职工的《管理人员发展指南》，针对教师的《教师手册及课程计划》，以及针对学生的《与受害者和欺凌者共事》。❷ 校园欺凌防控项目自 1992 年实施以来在美国中小学广泛应用，它是被普遍认可的成功项目。❸ 有研究发现，该项目在减少身体欺凌行为、身体攻击伤害、关系攻击行为、关系攻

---

❶ 吴文慧，张香兰. 美国校园欺凌防控项目地经验与启示［J］. 青少年学刊，2020（3）：53 – 58.

❷ GARRITY C，JENS K，et al. Bullying – proofing your school［J］. Reclaiming Children and Youth，2004，13（3）：234 – 248.

❸ 杨捷. 美国中小学主动反欺凌干预机制研究［J］. 上海教育科研，2021（10）：47 – 53.

击伤害等方面具有明显作用，学生的反欺凌意识也明显提高。❶

三、美国中小学校园欺凌防治政策的基本特征

美国经过多年的探索与钻研，形成较为完备的校园欺凌治理体系。首先，美国将法治作为治理校园欺凌的强制手段，建立法律保障，使校园欺凌防治工作有法可依。其次，多个校园欺凌防治项目的发布为学校预防和干预欺凌问题提供了参考依据，达到科学治理的目的。再次，美国中小学校园欺凌防治过程中强调社会各界共同参与，政府、学校、家长以及社会各界多方协同治理。最后，在注重干预的同时强调对欺凌行为的预防，双管齐下，预防与处理并重。

（一）有法可依，建立法制保障

美国针对中小学校园欺凌防治的法律体系较为完备，无论是学校安全法律的整体构建，还是校园欺凌行为预防与干预的法律程序都有详细的条文规定。

在美国中小学校园欺凌防治过程中，联邦政府和州政府都积极支持和推进各项校园欺凌防治实践。虽然美国目前没有出台解决中小学校园欺凌问题的专门的联邦法律，但是联邦政府的教育部和司法部出台的多个民权法案中，均对欺凌、骚扰、

---

❶　SOTT M, GROTPETER J K. Education of bully – proofing your school as an elementary school antibullying intervention ［J］. Journal of School Violence, 2014 （2）: 134 – 146.

歧视等行为有明确的规定，这为防治校园欺凌问题提供了法律指导与支持。

在联邦政府的推动和呼吁下，各州政府积极通过法律政策来预防和干预校园欺凌行为。1999 年，佐治亚州制定了全美首部关于校园欺凌问题的法律，到2015 年全美各州均拥有了针对校园欺凌的相关法律。需要注意的是，在联邦分权制度下，各州具有各自的权力，因此各州关于校园欺凌的法律规制也有所不同。有的州对现存的校园欺凌的法律进行完善；有的州单独立法，出台专门的校园欺凌法律或政策解决校园欺凌问题；还有的州甚至颁布了适用于未成年人的刑法。虽然各州在法律制定方面各有不同，但各州都明确了立法的目的、适用范围以及具体的欺凌行为特征，并对学校的欺凌防治政策提出要求。同时在反欺凌机构设置和人员安排、校园欺凌事件报告与处理程序和反欺凌机构人员培训和资金分配方面都作出了细致的规定。❶ 与联邦政府在宏观上的指导相比，各州政府颁布的法律更具有明确性和可操作性。各州基本建立了校园欺凌事件的预防、认定、调查、处理等法律机制，为学校预防和处理欺凌事件提供了系统的法律保障。

（二）科学治理，提供预防干预项目支持

随着各州相继出台防治校园欺凌法律法规，各学区、学校以及各类社会机构或组织开始积极研发和实施各项干预和防治

---

❶ 徐建华，李季. 美国初中校园欺凌问题的规避策略及启示 [J]. 教学与管理，2018（4）：80 - 82.

校园欺凌的相关项目。

美国中小学校园反欺凌项目的发展大致经历了三个阶段。第一，引入阶段，最开始美国将在挪威取得显著效果的奥卢维斯欺凌预防计划引入国内，并取得了一定成效。第二，改良阶段，这一时期，美国有关中小学校园反欺凌项目大多是在奥卢维斯欺凌预防计划的基础上进行本土化改良。最初奥卢维斯欺凌预防计划包含三个维度——学校维度、课堂维度、个人维度，美国引入后，经过实践研究，根据美国本土情况进行改良，在原基础上增加了社区维度。第三，原创阶段。随着研究的不断深入，美国各类机构、学校、社会组织等开始探索开发适应于美国本土的原创性反欺凌项目，并取得良好效果。

此外，根据反欺凌项目的理念和侧重点可将其分为三种类型。其一，基于学校层面的反欺凌项目，这一类反欺凌项目从全校的角度出发，制定适用于全校范围的反欺凌项目。如建设安全的校园环境，提高全校师生的反欺凌意识，为全校师生提供课程培训，制定预防和处理欺凌行为的措施，等等。其二，基于课堂层面的反欺凌项目，这类反欺凌项目是通过不同的课堂形式帮助学生正确认识校园欺凌，并鼓励学生积极参与抵制欺凌的活动。在课堂中，通过角色扮演、演讲、戏剧表演、讲故事等形式，引发学生的共鸣，使学生更加理解被欺凌者的感受。❶ 其三，针对卷入欺凌事件的个人的干预项目，包括对欺凌者的惩戒、引导，对被欺凌者的心理疏导、情感关怀，以及对旁观者反欺凌意识和能力的培养。这类欺凌干预项目旨在对已经发生的欺凌事件涉及的个人进行有针对性的干预，以防止欺凌的再次发生。

---

❶　向敏. 中美校园欺凌防治比较研究［D］. 武汉：华中师范大学，2016：30.

这些反欺凌项目重在预防欺凌事件的发生，以及欺凌事件发生后的干预与疏导。各级各类学校可以根据自身的实际情况，结合学区的政策，选择或制定适合本校的反欺凌项目。

（三）共同参与，多主体协调治理

美国在治理校园欺凌方面十分注重多部门合作，充分发挥各部门的职能，共同解决校园欺凌问题。在此基础上，美国形成了以政府为指导，以学校为主导，社会各方协同合作的校园欺凌防治体系。

首先，政府制定有关防治校园欺凌的法律规制，为学校治理校园欺凌事件提供法律支持与指导；其次，学校作为教育的主阵地，在校园欺凌防治中发挥主导作用，制定并实施关于校园欺凌的防治方案；最后，社会各界多方参与。美国政府长期以来一直鼓励各类社会团体和第三方组织共同参与校园欺凌防治工作。❶ 在美国，学校设有校园警察，警察可直接参与中小学校园欺凌的治理。在中小学校园欺凌防治过程中，强化家庭责任，以法律形式明确监护人监管失职的追责。家长有权利得到学校的报告和调查结果，学校或学区应对家长进行关于反欺凌的培训，加强家庭教育管理。此外，社会团体也会积极参与防治校园欺凌的宣传，例如"欧米茄人"组织。"欧米茄人"借助青少年所熟悉的英雄角色，为中小学不同学段的学生制定不同的主题活动，主要采取演讲、情景剧和家校合作大会等帮

---

❶ CASPER D M, CARD N A. Overt and relational victimization: A meta – analytic review of their overlap and associations with social – psychological adjustment ［J］. Child Development, 2017（88）: 466 – 483.

助青少年掌握反欺凌的知识，并学习防止欺凌的办法。❶ 社会各界的多方参与，协同治理校园欺凌问题，有助于校园欺凌的预防与干预，降低校园欺凌事件的发生。

（四）双管齐下，预防与处理并重

对于校园欺凌事件，美国采取"零容忍"政策。"零容忍"政策强调欺凌发生后对欺凌者进行惩戒。惩戒形式包括停课、开除，甚至逐出学区。据相关数据显示，2009—2010 学年，在 32 300 所公立学校中，39% 的学校实施了至少一次严重违纪处分（包括 5 天以上的停课、开除），其中，起因是身体攻击和殴打的占 29%，5 天以上停课的处罚中有 81% 是针对校园欺凌的。❷ 对于欺凌行为严重的，给被欺凌者或社会带来严重危害后果的，学校则有权请警察直接干预甚至判刑。根据美国少年司法与预防犯罪办公室统计，在 2001 年少年法庭处理的 1 236 200 起案件中，其中 13 ~ 15 岁的学生案件有 552 000 起，约占其 45%。❸ 由此可见，美国对于校园欺凌事件的处理十分严肃。

在校园欺凌事件发生后，对欺凌者进行处理是治理校园欺凌的基本思路，但是这并不能从根本上遏制校园欺凌事件的发生，如果处理不好，反而会促使被惩戒的欺凌者产生报复心理，

---

❶ 王祈然，蔡娟. 美国第三方组织反校园欺凌实践研究：以"欧米茄人"组织为例 [J]. 比较教育研究，2018（10）：68 – 74.

❷ American Center for Education Statistics. Serious disciplinary actions taken by public school [EB/OL].［2022 – 08 – 02］. http：//nces. ed. gov/programs/crimeindicatiors/crimeindicators2014/ind_19. asp.

❸ 姚建龙. 福利、惩罚与少年控制：美国少年司法的起源与变迁 [D]. 上海：华东政法学院，2006：34 – 36.

造成欺凌的再次发生。❶ 比注重惩罚更有效的是州法律中鼓励的采取预防措施应对欺凌，已经有大约一半的州要求或鼓励学区为学校人员提供校园欺凌预防培训，大多数州要求或鼓励实施校园欺凌预防，提高师生预防校园欺凌的意识与技能。

21 世纪以来，美国校园欺凌防治的思路开始转向预防与处理并重。在预防校园欺凌方面，通过设置课程，加强对教师和学生的培训，鼓励社会各团体组织积极参与建构校园欺凌预防体系，推动校园欺凌预防工作的开展与进行。

四、美国中小学校园欺凌防治政策的成效与挑战

美国在中小学校园欺凌防治方面取得了显著成效，降低了中小学校园欺凌的发生率，增强了公众的反欺凌意识，促进了校园欺凌防治措施和设备的完善。但在取得成效的同时也存在一定的挑战。对"欺凌"的法律定义不统一，无法更好地明确区分欺凌和其他不良行为，这对美国中小学校园防治政策提出了新挑战。

（一）美国中小学校园防治政策的成效

美国在校园欺凌防治复杂的背景下，围绕立法，提供反欺凌项目支持，多方参与协同治理，预防与处理并重等重点内容

---

❶ 孟凡壮，俞伟. 美国校园欺凌法律规制体系的建构探析［J］. 比较教育研究，2017（6）：32－36.

实施了多项切实可行的校园欺凌治理举措并卓有成效，使中小学校园欺凌问题得到有效缓解。

1. 校园欺凌的发生率降低

校园欺凌问题作为校园安全建设的重要组成部分，受到美国各界的广泛关注。校园欺凌防治政策在建设的过程中得到多方的支持和参与，逐步形成以政府为指导，以学校为主导，多方配合，协同治理的多方面、全方位的防治体系。这大大降低了美国中小学校园欺凌的发生率。

《美国学校 2016 年犯罪与安全指标》（*Indicators of School Crime and Safety：2016*）的调查结果显示，2005—2015 年，美国 12～18 岁学生的欺凌发生率由 28.1% 下降至 20.8%，且同类学生的欺凌比率也较往年有所降低。[1] 美国国家教育数据统计中心收集的数据显示，美国全国校园欺凌发生率由 2009 年的 19.9% 下降至 2017 年的 19%，而加利福尼亚州则由 19.9% 下降至 17.9%。[2] 以上数据说明，美国的中小学校园防治政策取得了一定的成效，中小学校园欺凌发生率在逐步下降。

2. 社会各界的反欺凌意识增强

美国针对中小学校园欺凌加强立法，这在一定程度上引起了公众对中小学校园欺凌的关注，随着各项校园欺凌防治政策的实施，人们意识到校园欺凌防治的重要性，进而增强了反欺凌意识。

---

[1] National Center for Education Statistics. Indicators of school crime and safety：2016 [EB/OL]. [2022－07－31]. https：//nces. ed. gov/pubs2017/. pdf.

[2] 白天韵. 美国加利福尼亚州公立学校校园欺凌治理研究 [D]. 保定：河北大学，2021：40.

CBS 晚间新闻（Columbia Broadcasting System Evening News）报道称，有多个公立学校的学生自发制作反校园欺凌的宣传海报，并张贴在班级和学校的宣传栏中；同时，洛杉矶学区的一位小学生在采访中表示，学校环境变得更加安全，学校氛围变得更加和谐了。❶ 在学生反欺凌意识提高的同时，家长对校园欺凌防治的关注也有所增加。2017 年，ABC 新闻（American Broadcasting Company News）有这样一则事迹：15 岁的约旦·艾斯纳在学校遭受了严重的身体欺凌，造成耳膜破裂和颅骨骨折。一位学生将其被欺凌的过程拍成视频，并传至网络，但法庭并未对这名学生做定罪处理。约旦的父亲坚持不懈地收集证据进行申诉，最后这名视频拍摄者也被法院提出控诉，并在此之后出台了《约旦之法》，规定对欺凌行为中的旁观者以及恶意散布有伤他人尊严信息的人进行惩罚。❷ 这些报道说明在校园欺凌防治政策的影响下，家长的反欺凌意识不断强化，预防和处理校园欺凌意识不断增强。

3. 校园欺凌防治措施不断完善

在校园欺凌防治政策的推动下，学校不断加强校园安全建设，加大校园安全的监控力度，学校多处安装电子监控设备，并派保卫人员在欺凌行为多发地点进行巡逻。校园的安全性不断提高，校园欺凌的发生概率减小。

除了硬件方面的改善，在制度上也有提高。学区或学校为学校所有人员提供培训，提高教职员工预防和干预校园欺凌的

---

❶ 白天韵. 美国加利福尼亚州公立学校校园欺凌治理研究［D］. 保定：河北大学，2021.

❷ 白天韵. 美国加利福尼亚州公立学校校园欺凌治理研究［D］. 保定：河北大学，2021.

能力。校园欺凌防治政策要求教师或其他学校员工在遇到欺凌行为时要及时制止并报告，对欺凌行为视而不见或隐瞒不报者，则保留对其追责的权力。

监控、警报、通信系统的发展，以及学校防治校园欺凌措施的不断完善，学校的安全系数不断提高，从而在一定程度上遏制了校园欺凌行为的发生。

（二）美国中小学校园欺凌防治政策的挑战

首先，美国中小学校园防治政策虽然取得了一定的成效，但由于缺乏全国性的关于校园欺凌防治的立法，使得各州在制定校园欺凌防治政策和相关法律时缺乏相关性的法律参考，这也是各州反欺凌法各不相同的重要原因。由于缺乏全国的具有针对性的法案依据，各州在制定校园欺凌防治政策时只能参照一般性的民权法案，这就造成部分州法律和校园欺凌防治政策的制定针对性不强、效果滞后等直接问题。

其次，关于欺凌的法定定义没有统一的标准。许多法律定义往往模糊了欺凌与骚扰这两个术语之间的区别。美国教育部在审查各州有关欺凌法律时发现，制定欺凌法律时使用的立法语言经常直接借用骚扰的相关法规，这导致了欺凌和骚扰两个术语的混淆。这会对学校在定义欺凌行为时造成困扰。

再次，美国的许多中小学教师认为，学校董事会与学校管理者对于解决校园欺凌问题重视程度不够高。有些学区和学校对校园欺凌的防治仅仅停留在表面，并没有进行深入的研究。还有一些学校管理者基于现实利益的考量，为了维护学校声誉和形象，会否认在该校存在校园欺凌问题。

最后，随着科学技术的迅猛发展，网络欺凌在美国中小学甚嚣尘上。中小学校园欺凌开始从传统的语言欺凌和身体欺凌转向网络欺凌。与传统欺凌相比，网络欺凌具有较强的隐匿性，而且网络欺凌的空间辐射范围更广，加之网络欺凌的开放性与持续性特征，给应对校园网络欺凌带来了不小的挑战。

校园欺凌是一个备受关注的话题，美国中小学校园欺凌防治政策包含政府、学校、家庭、社会四个方面的内容。政府层面，对中小学校园欺凌问题从法律上予以遏制，建立法律保护机制。学校层面则从完善校内管控，制定校园欺凌防治工作预案等角度进行干预。家庭层面，开设家长培训课程，提高家长反欺凌意识和技能。社会层面，鼓励社会各界积极参与校园欺凌防治工作，进行反校园欺凌宣传，并且在社区内进行关于校园欺凌防治的相关培训。政府、学校、家庭、社会多方联动，共同参与，协同治理，形成较为完善的中小学校园欺凌防治政策体系。这也是我国治理校园欺凌问题可资借鉴的良好范例。

第三章　日本中小学校园欺凌防治政策

　　近年来，校园欺凌已经成为世界各国共同面临的社会问题。确保校园安全、防治校园欺凌成为各国重要的教育政策。校园欺凌是指一个学生长时间、重复地暴露在一个或多个学生主导的欺负或骚扰行为之中。❶ 其中，校园欺凌行为具有"故意的伤害行为""重复发生""力量失衡"三大基本特征。❷ 为积极防治校园欺凌问题，世界各国都制定了相应的反校园欺凌政策，在法律要求、学校职责、家庭责任、社会环境营造等方面都形成了较为成熟的做法。日本受集体主义和自我防范文化的影响，其中小学中的校园欺凌现象也非常普遍和严重。❸ 2013 年，日本制定了《校园欺凌防止对策推进法》，并将校园欺凌定义为：在校学生受到来自学校有一定关系的其他学生强加的心理或物理的行为（包括通过网络进行的行为），身心因此感受到不同程度的痛苦。日本关于校园欺凌的概念以受害者在心灵和身体上是否受到痛苦为核心。日本基于本国国情，对中小学校园欺凌防治政策进行探索，其治理类型经历了"越轨矫正型""心

---

❶ OLWEUS D. Bullying at School：What we know and what we can do ［M］. Oxford：Blackwell，1993：12.

❷ 俞凌云，马早明. "校园欺凌"：内涵辨识、应用限度与重新界定 ［J］. 教育发展研究，2018，38（12）：26–33.

❸ 高晓霞. 日本校园欺凌的社会问题化：成因、治理及其启示 ［J］. 南京师大学报（社会科学版），2017（4）：100–108.

理援助型"和"风险预防型"的过程。● 当前，日本通过立法强化了对校园欺凌行为的规制和预防、多元主体协同治理明确权责分属、重视教育及早预防校园欺凌行为等方式，校园欺凌治理已初见成效。

一、日本中小学校园欺凌防治政策的制定背景

　　欺凌是发生在人与人的关系之中根深蒂固的问题。● 欺凌是一种权利不对等的产物，而当欺凌发生在校园中，将会借助校园文化潜移默化地影响学生的言行举止、情绪控制、身份认同等。校园欺凌将成为校园安全的最大威胁。校园欺凌的频发性与危害性引起了国际社会的广泛关注。不同国际组织均对校园欺凌现象展开国际调查，不同国家也依据各国国情从不同角度推出反欺凌干预政策，日本政府也将校园欺凌列为中小学教育的重点问题。随着日本中小学中由校园欺凌所引发的恶性社会事件频发，其数量之大、危害程度之深使得日本政府意识到推进校园欺凌防治法制化的紧迫性。2011 年，日本大津市立中学一名学生因长期受到校园欺凌而自杀。该事件发生后，校园欺凌问题迅速成为日本社会的焦点问题。以此为契机，日本颁布《校园欺凌防止对策推进法》，构筑校园欺凌防治的专门立法体系，传达出日本对于校园欺凌零容忍的基本立场。

　　● 姚逸苇. 日本校园欺凌治理模式的历史变迁研究［J］. 外国教育研究，2021，48（10）：19 - 31.

　　● 松下良平. 答えのない問いを考える道徳教育の旅［EB/OL］.（2017 - 05 - 10）［2022 - 08 - 17］. http：//www. d3b. jp/politics/5460.

（一）国际社会对安全校园的呼吁

校园欺凌现象在全世界范围内都普遍存在，但随着信息技术的普及、国家经济的快速发展，校园欺凌现象呈现出行为人低龄化、行为暴力化、发生普遍化等特点。❶ 校园欺凌现象逐渐引起国际社会的普遍关注。以联合国为代表的国际组织提出各国应当遵守国际公约，建设安全校园，确保儿童权利。各个国家也都将校园欺凌防治作为保障校园安全的重要途径之一。

一方面，国际组织对各国校园欺凌现象进行了多年的追踪调查，对校园欺凌现象进行宏观把控，引起各国重视。联合国发布《儿童权利公约》，要求确保儿童能够在保障安全、人格尊严的前提下享有受教育权。世界卫生组织自 2003 年起每 3～5 年面向全球 96 个国家和地区开展一次学校学生健康行为安全调查。联合国教科文组织于 2017 年发表的《校园暴力和欺凌全球状况报告》中指出，全球约有 2.46 亿名儿童正在遭受校园欺凌。❷ 另一方面，各个国家也依据本国国情，积极发布反欺凌干预政策，遏制校园欺凌发展势态。挪威是世界上第一个在法律上明确要求保障儿童免受暴力侵害的国家，也是校园欺凌发生率最低的国家。英国自 1997 年起就对校园欺凌问题采取了积极的防治手段，并颁布相关反欺凌法案，旨在减少或避免校园

---

❶ 向广宇，闻志强. 日本校园欺凌现状、防治经验与启示：以《校园欺凌防止对策推进法》为主视角 [J]. 大连理工大学学报（社会科学版），2017, 38 (1)：1 - 10.

❷ UNESCO. School violence and bullying [EB/OL]. (2017 - 01 - 17) [2022 - 08 - 17]. http：//en. unesco. org/themes/school - violence - and - bullying.

欺凌现象的发生。澳大利亚于 2003 年颁布《国家安全学校框架》，从国家发展战略的角度明确了校园欺凌治理的目标与原则。❶ 由此可见，各国都在积极抵制校园欺凌，对校园欺凌现象零容忍是各个国家的普遍态度。

（二）日本校园欺凌形势严峻

日本政府和社会各界对校园欺凌都十分重视，然而由于日本学生受过于强烈的集体主义意识、过于服从与忍耐的文化特质与过重的考试压力的影响❷，校园欺凌现象反而愈演愈烈。其中日本中小学的校园欺凌事件较为严峻，由中小学校园欺凌引发的社会恶性事件层出不穷，使得日本政府意识到校园欺凌防治的紧迫性。

一方面，日本校园欺凌现象的严峻性体现在其欺凌事件的高发性。日本文部科学省自 1985 年起就对校园欺凌现象进行追踪调查。为确保数据的真实性，文部省还专门进行问卷调查、实地考察等。日本此项统计工作为全面认识、细致考察、有效治理校园欺凌问题提供了数据支撑。也正是如此深入一线的数据调查，使得日本政府发现校园欺凌状况已不容乐观，校园欺凌事件与正在遭受欺凌的儿童数量呈倍增现象。据统计，2010 年日本中小学（包括特殊支援学校）发生的校园欺凌事件总数

❶ 陈琪，李延平. 澳大利亚中小学校园欺凌治理研究 [J]. 外国教育研究，2018，45（8）：91 – 104.

❷ 贺江群，胡中锋. 日本中小学校园欺凌问题研究现状及防治对策 [J]. 中小学德育，2016（4）：64 – 67.

为 70 231 件, 而 2014 年则攀升至 188 072 件。❶ 不仅欺凌事件频发, 而且受欺凌者在学生中占有较高比例。据日本国立教育政策研究所 2004—2012 年关于校园欺凌现象的追踪调查显示, 在小学四年级至中学三年级 6 年间, 经历过校园欺凌的学生高达 90.3%。❷ 如此高数量、高比例的校园欺凌事件, 引起了日本政府和社会的关注。

另一方面, 日本校园欺凌现象的严峻性体现在其所带来的社会影响的高危害性。首先, 校园欺凌所带来的直接危害是对被欺凌者造成身体和精神双重伤害, 影响其健康成长。校园欺凌中的被欺凌者会直接处于病痛折磨之中。除了身体病痛之外, 校园欺凌严重影响青少年时期的心理健康和人格形成, 更有甚者还会威胁生命安全。受欺凌者会因受到讥笑、嘲讽而长期感到孤独, 甚至产生无力、焦虑以及程度不一的抑郁现象❸, 严重者甚至会选择结束自己的生命以摆脱屈辱感和无力感。其次, 校园欺凌所带来的次生伤害使得学生长期处于具有安全威胁的校园环境中, 容易造成学生之间对人际关系处理困难的问题。校园欺凌现象发生时, 存在"欺凌者、被欺凌者、观众、旁观者"的四层构造。❹ 而除欺凌者与被欺凌者外, 其余同学将会

❶ 文部科学省. 平成 26 年度児童生徒の問題行動等生徒指導上の諸問題に関する調査 [EB/OL]. (2016 - 03 - 01) [2022 - 08 - 17]. http://www.mext.go.jp/b_menu/houdou/27/09/__icsFiles/afieldfile/2015/10/07/1362012_1_1.pdf.

❷ 文部科学省. 国立教育政策研究所生徒指導進路指導研究センター. いじめ追跡調査 2010—2012 [R/OL]. [2022 - 08 - 17]. https://www.nier.go.jp/shido/centerhp/2507sien/ijime_research - 2010 - 2012.pdf.

❸ 坂西友秀. いじめが被害者に及ぼす長期的な影響および被害者の自己認知と他の被害者認知の差 [J]. 社会心理学研究, 1995, 11 (2): 105 - 115.

❹ 森田洋司. いじめとは何か教室の問題、社会の問題 [J]. 中央公論新社刊, 2012: 132 - 33.

成为观众或旁观者。他们出于对自身权力差别的判断和维护自身安全的考虑，选择沉默或无视，不愿或不能给予被欺凌者援助。在这种校园环境下成长的儿童将会长期处于内疚、惶恐的状态中，最终对人际关系感到麻木。最后，校园欺凌将引起社会犯罪率提高，对公共健康和安全有极大威胁。若欺凌者长期处于约束系统失灵的状态，其暴力行为无法得到有效遏制，欺凌者的恶意程度会越来越高、暴力手段会越来越残忍，直至走上违法犯罪之路。

（三）焦点事件推动专项立法

日本政府对于校园欺凌防治一直都持有积极的态度，但由于校园欺凌具有隐蔽性的特点，其长期隐蔽于校园亚文化之中❶，导致校园欺凌在大众认知和惩治措施等方面都不够完善，反而引起了校园欺凌行为的恶性循环乃至暴力升级。直至2011年"大津自杀事件"的发生，校园欺凌问题成为社会舆论的焦点，日本政府以此为契机，颁布了专门防治校园欺凌的法案《校园欺凌防止对策推进法》，正式开启日本校园欺凌防治的法制化进程。

2011年大津市立中学男生自杀事件发生后迅速受到媒体的关注，经调查发现，早在该学生受欺凌期间，涉事学校和教师早已知晓欺凌者的暴力行为，且学生家长曾寻求警方帮助，却被"学生之间的恶作剧"为由拒绝立案。此事迅速引起社会轰

---

❶ 俞凌云，马早明. "校园欺凌"：内涵辨识、应用限度与重新界定［J］. 教育发展研究，2018，38（12）：26–33.

动，媒体舆论要求学校及相关人员必须承担法律责任。日本政
府对此表示高度重视，首先，2012 年文部科学大臣就此事发表
讲话，着重强调校园欺凌防治的重要性以及学校对学生生命安
全的重视性。文部科学省为此也专门设立"儿童安全对策支援
室"，对校园欺凌事件提供支援措施。随之，次年 2 月内阁制定
《全社会总体应对校园欺凌的法律》的建议，同年 6 月，经过
数次法案修订，由日本各党派共同提出《校园欺凌防止对策推
进法案》。最终于日本 183 次国会议会正式通过《校园欺凌防
止对策推进法》（法律第 71 号）。❶ 以此为节点，日本专门针对
校园欺凌问题立法，并将校园欺凌防治上升到国家法制层面。

二、日本中小学校园欺凌防治政策的具体内容

　　校园欺凌不仅是教育问题，更是复杂的社会问题。因此，
校园欺凌的防治不仅是学校的责任，更需要社会各界力量形成
合力，共同构筑校园欺凌治理体系。日本中小学校园欺凌防治
起步相对较早，并积累了相关成熟经验。日本在进行校园欺凌
防治时，首先从宏观层面对校园欺凌进行概念定义，使欺凌
行为认定有据可依，进而通过专项法律规章制度，对校园欺
凌行为进行约束，为形成系统的、综合的科学防治体系奠定法
律基础。其次在中观层面，完善学校、家庭、社会等合作关系，
形成多元主体共同参与的治理格局，明确各主体应对校园欺凌

---

❶　向广宇，闻志强. 日本校园欺凌现状、防治经验与启示：以《校园欺凌防
止对策推进法》为主视角［J］. 大连理工大学学报（社会科学版），2017，38
（1）：1–10.

现象的主要职责和对应的具体措施，为建立完善的校园欺凌处理机制提供行为蓝图。最后在微观层面，注重对学生能力的培养，完善学生品格教育，强化防范意识，并对正在遭受校园欺凌的学生进行心理疏导，为有效开展反欺凌计划构筑最后一道防线。

（一）宏观把控：树立法律法规

日本社会、政府和民众都对校园欺凌的普遍性和严重性有着深刻的认识。日本政府对校园欺凌问题确立了"零容忍"的基本态度和立场。在这一立场下，日本政府将校园欺凌问题写进法律法规，并专门就校园欺凌问题出台法案，旨在从法律角度遏制校园欺凌问题。一方面，由国家政府部门牵头，立足调查研究，推出系列反校园欺凌法律法规。另一方面，地方政府依据各地情况，切实落实校园欺凌防治措施，并及时做好情况反馈。

1. 国家层面

为了系统实施反欺凌机制，构建校园欺凌防治长效保障体系，日本从国家层面进行反欺凌运动，采取自上而下的方式制定法律制度，明确校园欺凌防治的方向和对策。首先，日本针对校园欺凌问题单独制定了《校园欺凌防止对策推进法》。第一，在该法律中首次明确校园欺凌的基本含义，使得欺凌行为认定有据可依。第二，明确校园欺凌防治的基本方针以及国家、地方公共主体、学校、家庭等各主体职责和具体实施对策等，争取使得欺凌行为早发现、早预防。❶ 第三,明确国家对于校园欺凌防治的经费支出,传达国家对待校园欺凌零容忍的基本态度和立场。❷ 其次,为补充《校园欺凌防止对策推进法》,日本政府还推出《教育基本法》《学校教育法》《儿童福利法》等一整套的法律法规体系,以便系统应对和处理校园欺凌问题。如《学校教育法》第11条规定了对实施校园欺凌的学生惩治措施。❸ 最后,日本针对校园欺凌行为对接刑法,并单独制定了一套比较完整的刑事立法体系和司法追诉体系,如《少年法》《少年审判规则》等。在日本的刑事法律体系中,年龄并不能成为免于刑事责任的理由,即只要实施了校园欺凌行为并造成严重犯罪后果者,均可被进行刑事追究。❹ 这从一定程度上使得学生意识到校园欺凌不再是简单的打闹和玩笑行为,而是有可能触犯刑法的犯罪行为,对校园欺凌者有一定的威慑力和约束力,能够从源头上减少校园欺凌的发生。

2. 地方层面

《校园欺凌防止对策推进法》要求地方政府参照国家基本方针,根据各地实际情况,制定反欺凌策略方针,加强地方各

---

❶ 文部科学省. いじめ防止対策推進法(概要)[EB/OL]. (2013 - 09 - 28)[2022 - 08 - 17]. https://www.mext.go.jp/component/a_menu/education/detail/__icsFiles/afieldfile/2018/08/21/1400030_001_1_1.pdf.

❷ 坂田仰. いじめ 防止対策推進法全条文と解説[M]. 东京:学事出版株式会社,2014.

❸ 陶建国. 日本校园欺凌法制研究[J]. 日本问题研究,2015,29(2):55 - 62.

❹ 向广宇,闻志强. 日本校园欺凌现状、防治经验与启示:以《校园欺凌防止对策推进法》为主视角[J]. 大连理工大学学报(社会科学版),2017,38(1):1 - 10.

机构联系，成立校园欺凌防治对策委员会。地方教育委员会应当以国家法律为原则，灵活处理地方问题，制定更具针对性、特色性的地方反欺凌策略。以东京教育委员会为例，颁布《东京都防止校园欺凌对策推进条例》，明确校园欺凌防治的基本方针，指出各相关主体如学校、家长、相关机构等，有义务采取措施防止校园欺凌的发生。主要包括对校园欺凌的前期预防、早期发现、早期应对以及重大事件的处理措施等进行规定。❶同时，东京都教育委员会成立"东京都校园欺凌对策联络委员会"和"东京都校园欺凌对策委员会"，其职责是调查校园欺凌防治的实施状况并报告至东京都教育委员会。❷目的是对校园欺凌现象防患于未然，早发现、早处理，避免造成不可挽回的生命损失。

（二）主体参与：多元协同治理

校园欺凌不单单发生在学校中，其发生的场所、校园欺凌的成因、校园欺凌的防治都呈现复杂化的特点，因此需要构筑国家、地方、学校、家庭和社会五位一体式反欺凌防线。在国家、地方、学校、家庭和社会之间建立一个相互尊重的伙伴关系是构建和维系社会生态反欺凌系统的基础。除了国家和地方

---

❶ 東京都教育委員会. 東京都いじめ防止対策推進条例 [EB/OL]. (2014 – 07 – 02) [2022 – 08 – 17]. https：//www. kyoiku. metro. tokyo. lg. jp/school/content/files/bullying_measures/jourei. pdf.

❷ 東京都教育委員会. 東京都いじめ問題対策連絡協議会規則 [EB/OL]. (2022 – 03 – 20) [2022 – 08 – 17]. https：//www. kyoiku. metro. tokyo. lg. jp/administration/council/general_conference/coordination_meeting/files/bullying_liaison_council/kisoku1. pdf.

在法律层面的宏观把控，在校园欺凌防治过程中，学校、家庭和社会都应当有明确的权责划分和实施措施。

1. 学校层面

学校是学生学习的主阵地，也是校园欺凌发生的主场所。在校园欺凌治理过程中，学校是至关重要的一环。学校以国家法律要求为原则，以地方制度要求为参考，细化二者要求，成为学校应对校园欺凌的具体措施和方案。学校的责任包含对校园欺凌的教育预防措施、校园欺凌早期的行为干预以及欺凌事件发生后的妥善处理等。❶ 首先，校园欺凌的预防措施是防止校园欺凌发生的关键。在学校中，对校园欺凌的主要预防手段分为三种。其一是反欺凌校园氛围的构建。学校对学生进行普法教育，使之明确校园欺凌的危害。同时开设预防校园欺凌的德育课程，提高学生品德，促进其身心健康发展。学校还应定期开展有关校园欺凌的调查，确保及时发现问题，及时制止校园欺凌事件的发生。❷ 其二是强化对教师的培训。教师应具有丰富知识储备、心理移情能力以及家校沟通能力。教师应当对校园欺凌的概念认知清晰，重视校园欺凌，及时家校联通，遏制欺凌现象。❸ 其三是一体化的预防机制。学校建立校园欺凌防治对策组织机构，充分发挥引导、咨询、调查、分析与评估

---

❶ 文部科学省. いじめ防止対策推進法（概要）[EB/OL]. (2013 – 09 – 28) [2022 – 08 – 17]. https：//www. mext. go. jp/component/a_menu/education/detail/__icsFiles/afieldfile/2018/08/21/1400030_001_1_1. pdf.

❷ 文部科学省. いじめの防止等のための基本的な方針（概要）[EB/OL]. (2013 – 10 – 11) [2022 – 08 – 17]. https：//www. mext. go. jp/component/a_menu/education/detail/__icsFiles/afieldfile/2019/06/26/1400030_006. pdf.

❸ 前島康男. いじめ問題と教師 [J]. 日本教師教育学会年報, 2004（13）: 21 – 26.

等职责。其次，若前期预防工作不够到位，对校园欺凌的早期行为干预是防止校园欺凌的补救措施。在发生疑似校园欺凌事件时，学校应当予以充分重视，及时调查相关学生，并做好对被欺凌学生的保护工作。做好家校沟通，及时为被欺凌者提供教育援助和心理咨询。最后，在欺凌事件发生后，妥善处理事件、最大限度降低对学生的伤害是防治校园欺凌的最后一道屏障。校园欺凌防治应当以防为主，以治为辅。但倘若校园欺凌事件不幸发生，学校应承担相应责任，履行法律义务，及时上报上级机构或请求公安机关介入并进行协助处理。同时做好对被欺凌学生的心理辅导工作，保障被欺凌者权益，防止事态恶化。

2. 家庭层面

监护人对子女的教育有不可推卸的责任，营造和谐的家庭氛围是解决校园欺凌问题的有效手段之一。监护人有义务在家庭教育中防止校园欺凌现象的发生、在校园欺凌发生时做好信息共享工作，与此同时也应以家庭视角参与校园欺凌防治工作，完善校园欺凌防治体系的构建。首先，家庭教养方式对学生个人品格的培养具有关键作用。❶ 第一，在进行家庭教育时，监护人应避免呈现暴力行为，以免成为学生的模仿对象；还应避免"以暴制暴"的教育方式，以正确平和的态度处理家庭问题是构建良好家庭环境的核心。第二，监护人在教育学生时应避免溺爱，以免造成其人格缺陷，使其过于以自我为中心，成为欺凌者或过于懦弱而陷入被欺凌境地。第三，监护人应营造和

---

❶　滝充. いじめ行為の発生要因に関する実証的研究［J］. 教育社会学研究, 1992（50）：366－388.

谐的家庭氛围，及时展开沟通，关心学生的内心世界。其次，校园欺凌具备隐蔽性，而相较于教师或其他群体，监护人可以更快察觉到学生的身心变化，能够及时有效遏制校园欺凌。❶监护人应当重视校园欺凌，学习相关知识，及时与学校和学生进行沟通，实现信息共享。如果发现学生疑似处于校园欺凌状态，应及时表明家庭支持，给予安全感，并咨询学校或向地方公共团体寻求帮助，及时运用法律武器保护学生免受伤害。最后，《校园欺凌防止对策推进法》要求监护人也应参与到防治校园欺凌工作中去。❷监护人应与学校、教育委员会、家长教师协会（PTA）、非营利组织（NPO）等地方公共团体充分交换意见，提出监护人诉求。在保护学生个人隐私的前提下，构建家庭和学校、社会的良性合作。❸

3. 社会层面

校园欺凌逐渐成为社会化问题。校园欺凌不仅需要政府的政策要求和学校家庭的协力配合，也离不开社会各机构团体的共同参与。日本在推行校园欺凌防治政策时充分发挥了相关机构、社会团体、舆论媒体的社会支持，形成全员参与、全员治理、全员监督的校园欺凌防治格局。第一，国家和地方相关机构充分发挥带头作用，表明国家治理校园欺凌的立场。文部科学省承担数据统计工作和服务咨询工作。文部科学省 30 年来详

---

❶ 大嶋千尋. いじめ発生における加害者の環境的要因及び心理的要因についての実証的研究 [J]. 人間生活文化研究，2015（25）：245–248.

❷ 文部科学省. いじめ防止対策推進法 [EB/OL]. （2013–09–28）[2022–08–17]. https：//www. mext. go. jp/a_menu/shotou/seitoshidou/1406848. htm.

❸ 文部科学省. いじめの防止等のための基本的な方針（概要）[EB/OL]. （2013–10–11）[2022–08–17]. https：//www. mext. go. jp/component/a_menu/education/detail/__icsFiles/afieldfile/2019/06/26/1400030_006. pdf.

细记录了校园欺凌的发展情况，并且每年公布上年数据供社会参考。权威、全面、有效的大量数据支撑，是日本校园欺凌防治政策有效性的坚实基础。❶ 同时，文部科学省开放 24 小时服务平台，被欺凌者可随时拨打求助热线，文部科学省将为其提供咨询服务或心理辅导，以帮助学生对校园欺凌作出及时应对。警察署承担对学生校园安全的保护工作，在学校认定校园欺凌行为发生时，警察署应第一时间协助学校共同处理。法务局也应当与学校进行合作，成立"校园欺凌问题对策联络会"。❷ 第二，引导社会团体承担社会责任，助推反欺凌计划的实施。日本的校园欺凌防治体系是以官方力量为主，以民间力量为辅的合作模式。民间社会团体如家长教师协会（PTA）、志愿者组织、社区组织等对校园欺凌防治起到不可忽视的作用。《校园欺凌防止对策推进法》要求，校园欺凌事件必须介入第三方机构进行调查，学校必须设立"校园欺凌对策联络委员会"和"校园欺凌对策委员会"，而委员会成员大多是律师、心理医生或家长教师协会（PTA）委员等。这些专业社会人士的参与对学校的校园欺凌治理起到了监督和支援的作用。第三，充分利用舆论媒体，引导公众重视校园欺凌现象，发挥监督作用。每当校园欺凌事件发生时，"校园欺凌防治"总是能快速成为舆论焦点。舆论引导公众认识、重视校园欺凌现象的同时，也曝光了对校园欺凌消极应对或虚假瞒报的组织和个人，引起相关机构人员的警觉与重视，从一定程度上减少了校园欺凌现象的发生。

---

❶ 任海涛，闻志强. 日本中小学校园欺凌治理经验镜鉴［J］. 复旦教育论坛，2016，14（6）：106 - 112.

❷ 文部科学省. いじめ防止对策推进法［EB/OL］.（2013 - 09 - 28）［2022 - 08 -17］. https：//www. mext. go. jp/a_menu/shotou/seitoshidou/1406848. htm.

（三）个人培养：注重防治结合

校园欺凌防治的最后一环将回到个人身上。日本中小学校园欺凌防治政策中在个人层面的要求主要体现在"防"与"治"两方面。一方面是校园欺凌未发生时的教育预防，促进个体品格养成才是教育的最终目的，学校的品德教育也是治理校园欺凌最行之有效的一步。另一方面是校园欺凌发生后的补救措施，包含对欺凌者的惩戒和对被欺凌者的支援。

1. 预防：提升学生品德水平

校园欺凌问题本质上就是"心的问题"。"心的问题"即个人的品德出现偏差。[1] 若个人品德高尚，则不会以欺压他人而获得自我满足。若要制止校园欺凌行为，则要提升个人品德修养，因此，强化学校的德育课程是治理校园欺凌的重要途径。为提升学生的品德水平，制止不良道德行为，减少校园欺凌事件，日本将品德教育学科化，改为与数学、日语等学科同等重要的正式学科课程。品德教育学科化具体体现为将德育纳入学习指导要领、丰富德育课程形式和标准化的德育课程教材。首先，2015 年文部科学省发布新的中小学学习指导要领，确立"道德科"的正式学科地位。2017 年再次修订中小学学习指导要领并加入了"反校园欺凌"指导内容，要求德育课程应当发挥积极协调学生人际关系、丰富学生生活的作用，努力杜绝校

---

❶　伊藤茂樹. 「心の問題」としてのいじめ問題［J］. 教育社会学研究, 1996（59）：21-37.

园欺凌，确保学生安全的校园生活。❶ 其次，日本中小学开展了多样的德育课程类型。如面对层出不穷的"网络暴力"事件，中小学联合网络监管部门开展"信息道德理念"指导课程。❷ 目的是使学生正确认识网络、合理运用网络。警察署也会在学校内开展"治安教育课堂"，对学生进行有关校园欺凌的普法行动，对欺凌者进行教育和引导，威慑欺凌者，鼓励被欺凌者拿起法律武器保护自己。❸ 最后，为应对校园欺凌问题，日本对中小学道德科教材也进行了改革。东京书籍出版社《新道德》教材中专门设立"面向没有校园欺凌的世界"一章。从"自身方面""自己与他人""自己与集体和社会""自己与生命、自然等崇高事物"四个视角出发培养学生团结互助、友好相处等行为，从心理层面抵制校园欺凌行为。❹

2. 应对：惩戒与救济

完整的校园欺凌防治体系除了早期预防之外，对于已发生的校园欺凌如何处理也是至关重要的。若能够妥当处理校园欺凌事件，既是国家对校园欺凌态度的体现，又是对疑似欺凌者的威慑，也是对被欺凌者的保护。因此，在校园欺凌事件发生后，对事件参与者的应对方式是校园欺凌防治政策形成闭环的关键。在个人层面的具体应对方式分为对欺凌者的惩戒手段和

---

❶ 文部科学省. 小学校学習指導要領 [Z]. 东京：文部科学省，2017：98.

❷ 翁福元. 校园欺凌学理与实务 [M]. 台北：高等教育文化事业有限公司，2013：211.

❸ 文部科学省. いじめ防止基本方針を踏まえた関係機関との連携について（通知）[EB/OL]. (2014 – 03 – 10) [2022 – 08 – 17]. https://www. mext. go. jp/a_menu/shotou/seitoshidou/1400261. htm.

❹ 那乐. 基于应对校园欺凌问题的日本小学道德教科书改革新进展 [J]. 外国教育研究，2018，45（8）：79 – 90.

对被欺凌者的救济措施。

　　根据《校园欺凌防止对策推进法》要求，为了保护其他学生正当的受教育权，创造安全的校园环境，对实施校园欺凌的学生应给予惩戒措施。❶《学校教育法》法定的惩戒形式主要有训告、停学和退学三种形式。在发生校园欺凌时，会对欺凌者及其监护人进行教育。若因校园欺凌问题而引发犯罪行为，则依照日本为青少年单独制定的刑事立法体系，追究其刑事责任。当校园欺凌行为有可能上升到违法犯罪行为时，将会在一定程度上对想要实施欺凌的学生起到震慑作用、对被欺凌学生起到心理保护作用。同时，也更新了社会对于校园欺凌的公共认知，校园欺凌将不再是未成年学生之间的小打小闹，而是与刑法对接的犯罪行为。除了对欺凌者的有效惩戒外，对被欺凌者的救济与帮助是防止造成事态恶化的有效手段。为了将受害者的伤害降至最低，日本多采用持续性心理疏导的方式。在受到隐性欺凌期间，被欺凌者可选择电话、网络等渠道进行心理咨询。如文部省防欺凌热线会给予学生帮助，协助学生采取手段避免校园欺凌，如情况紧急会联系学生所在学校、社区组织等地方公共团体并合力对学生展开帮助。在切实发生校园欺凌后，一般会采用物理隔离欺凌者与被欺凌者，聘请专业的心理医生、社会工作者等对被欺凌者进行持续性的心理疏解。❷

---

　　❶ 文部科学省. いじめ防止対策推進法 [EB/OL]. (2013 – 09 – 28) [2022 – 08 – 17]. https：//www. mext. go. jp/a_menu/shotou/seitoshidou/1406848. htm.

　　❷ 文部科学省. いじめ防止対策推進法 [EB/OL]. (2013 – 09 – 28) [2022 – 08 – 17]. https：//www. mext. go. jp/a_menu/shotou/seitoshidou/1406848. htm.

三、日本中小学校园欺凌防治政策的基本特征

日本中小学校园欺凌防治也是不断摸索和发展的过程。虽然各时期的目标和治理模式不同，但都呈现出一些共同特征。其具体表现在三个方面：一是专项立法主导，健全法律法规，使校园欺凌治理有据可依。二是多元主体共同参与的协作模式，明确职责划分，形成社会一体的校园欺凌治理格局。三是注重教育预防，从培养学生品格和价值观出发，切断校园欺凌源头。

（一）专项立法主导

校园欺凌治理法治化是全世界治理校园欺凌的主旋律，各国都十分重视法律在治理过程中的作用，只有明确立法，才能确保校园欺凌治理的规范性和有效性。日本校园欺凌防治法制体系具有权威性、有效性和实效性的特点。首先，日本针对校园欺凌设置的法制体系，呈现自上而下多层立法的特点。其次，日本校园欺凌防治法制的特色在于对校园欺凌问题进行了专项立法，在规范性与有效性的基础上，更具针对性，并且专项法律中的规定可以与现有法律结合实施，增加了法律的权威性与威慑力。最后，日本校园欺凌防治法能够适应环境变化，及时应对新型校园欺凌事件，不断提高校园欺凌治理的实效性。

第一，日本校园欺凌治理法制建设的权威性在于确立多层立法的模式，进行了自上而下完善的法律建设，从宏观层面作出指示，在微观层面作出解释。首先，国家权威发布《校园欺

凌防止对策推进法》作为日本校园欺凌防治的专项法律。《校园欺凌防止对策推进法》是日本校园欺凌防治的根本法。其中不仅明确了校园欺凌的界定范围、防治的基本方针、惩戒措施等，还对地方、学校、家庭、社会都提出明确要求，并且明确表达出对校园欺凌零容忍的基本态度和立场，引导社会重视校园欺凌现象。❶ 其次，地方依据《校园欺凌防止对策推进法》因地制宜地制定《地方校园欺凌防止对策推进法》，按照法律的要求建立地方"校园欺凌防治政策联络委员会""地方校园欺凌咨询机构"等。按照基本方针要求，联合地方公共团体积极参与到校园欺凌防治工作中，并细化各主体责任义务。❷ 最后，学校将按照地方教育委员会要求，健全校内反校园欺凌机构与设施，创设细致的校园欺凌应对流程，配备专业心理辅导教师，开设道德科等，从措施层面细化法律要求。

第二，日本校园欺凌治理法制建设的有效性在于能够实现与现有法律对接。一方面，在法律实施上能够实现法律对接，如《学校教育法》《少年法》等。如果出现校园欺凌行为将对欺凌者实施《学校教育法》中要求的退学、停课等惩戒措施，或是依据《少年法》对未满 14 岁的触法青少年进行刑事追究。另一方面，在欺凌行为上能够实现与刑法对接。如出现使用手足殴打、踢踹等行为触犯《日本刑法》第 204 条之伤害罪、第208 条之暴行罪，强迫他人实施令人反感、羞辱的行为等可能

---

❶ 文部科学省. いじめ防止対策推進法［EB/OL］. (2013 – 09 – 28)［2022 – 08 – 17］. https://www.mext.go.jp/a_menu/shotou/seitoshidou/1406848.htm.

❷ 李梓嘉，李冉. 基于东京都防止校园欺凌政策文本的政策工具分析［J］. 北京化工大学学报（社会科学版），2017 (4)：100 – 105.

构成《日本刑法》第 176 条之强制猥亵罪、第 223 条之强要罪等。● 除了《日本刑法》这一后置法的约束，同时通过《日本民法》《日本行政法》等前置法的协同，增大校园欺凌犯罪成本，能够对行为人起到制约和威慑作用。

第三，日本校园欺凌治理法制建设的实效性在于能够及时更新数据，了解校园欺凌现状与形式。一方面，日本文部科学省每年都会对各地校园欺凌情况进行调查，并对突出问题展开专项调查。数据的权威性和全面性是法律具有针对性的基础，也为及时发现新型校园欺凌形式提供可能性。另一方面，随着社会环境变化，校园欺凌也出现新形式。如近年来由于网络相较于现实世界更具隐匿性与复杂性，特别是新冠疫情以来，学校大规模停课并采用网络授课方式，使得网络欺凌成为更普遍的校园欺凌形式。日本《校园欺凌防止对策推进法》也对网络欺凌治理提出要求：一是通过学校引导学生正确对待网络世界；二是通过网络监管部门监督，并及时对卷入网络欺凌的学生给予信息保护。❷

（二）社会共同参与

校园欺凌是无法依靠一方的力量而得到根治的，只有充分调动和整合社会各界的力量，采取多种措施，通力合作才能有效遏制和解决校园欺凌问题。社会各界共同参与校园欺凌治理，

● 刘旭东. 法治视阈下校园欺凌的治理路径：以日本实践经验为借鉴基础 [J]. 当代青年研究，2018（6）：67－73.

❷ 文部科学省. いじめ防止対策推進法 [EB/OL]. （2013－09－28）[2022－08－17]. https：//www. mext. go. jp/a_menu/shotou/seitoshidou/1406848. htm.

首先需要从制度方面明确要求各相关主体的责任分配，明确的职责分属能够避免推诿与懒怠现象。其次，须集结社会专业人士，成立反欺凌专门机构。最后，各机构之间需要共同努力，信息共享，加固合作伙伴关系，最终形成多方参与的反欺凌治理格局。

第一，完善制度建设，明确相关者责任。《校园欺凌防止对策推进法》明确指出国家机关、地方公共团体、学校、家庭等须参与校园欺凌防治工作。国家机关的责任在于制定和实施反欺凌政策，并为反欺凌治理提供财政支持。2014 年，日本政府针对校园欺凌防治的支出高达 93 亿日元。❶ 地方公共团体须依据国家指令、考察当地情况合理制定地方反欺凌政策。学校须依据国家反欺凌基本理念，结合学校情况制定明确反欺凌措施，学校教师须保持和学生、学生家长、当地儿童协商所、社区居民保持沟通，确保能够最早时间发现欺凌现象。家长作为监护人有照护子女的职责，须对儿童进行规范教育，避免其产生欺凌行为。当产生欺凌行为时须及时与学校、地方公共团体反映。❷ 各主体各司其职，才能够对校园欺凌事件早发现、早预防、早处理。

第二，设立专门机构，助力反欺凌建设。一方面，《校园欺凌防止对策推进法》要求地方成立针对校园欺凌防治的专门机构如"校园欺凌对策委员会"。校园欺凌对策委员会应由地方公共团体、警察局、学校、法务部门等构成。其主要职责是

---

❶ 坂田仰. いじめ 防止対策推進法全条文と解説［M］. 东京：学事出版株式会社，2014.

❷ 文部科学省. いじめ防止対策推進法［EB/OL］.（2013 - 09 - 28）［2022 - 08 - 17］. https：//www. mext. go. jp/a_menu/shotou/seitoshidou/1406848. htm.

建立咨询机制，对当地校园欺凌状况进行调查、检证、分析、处理并完成报告提交至地方教育委员会。另一方面，《校园欺凌防止对策推进法》和地方校园欺凌防治政策中也会要求学校成立校园欺凌防治对策组织，定期对本校学生进行校园欺凌调查。委员会还须配备专业的临床心理咨询师、社会福利工作者、医生、律师、警察等以及非营利公益组织的工作人员。❶各种专门机构的设立能够确保地方和学校能够在应对校园欺凌事件中更具实效性与针对性。

第三，加强部门配合，实现高质量合作。设置相关反欺凌机构，更重要的是各机构之间需要加强合作，共同编织反校园欺凌信息网。首先，国家机构须做好基础工作。如文部科学省须加强数据统计工作，为反欺凌治理提供坚实基础，数据统计是一切反欺凌政策的第一步。如各法务机关与司法部门须建立完备的司法体系，为校园欺凌治理提供有效威慑。其次，地方机构之间需要承担承上启下的转接工作。地方机构须做好详尽的调查报告并上报上级部门，才能实现有效衔接。地方机构须与学校机构保持紧密联系，时刻关注校园欺凌动态，并做好对学校反欺凌政策实施的评估工作。最后，学校机构应及时回应上级要求，完善反欺凌组织的配备，接受第三方检验。同时，学校应当与社区、家庭具有紧密联系，以便能够尽早发现校园欺凌的苗头。

---

❶ 文部科学省. いじめ防止対策推進法［EB/OL］. (2013 - 09 - 28) ［2022 - 08 - 17］. https：//www. mext. go. jp/a_menu/shotou/seitoshidou/1406848. htm.

（三）注重教育预防

法律法规是校园欺凌防治的内核，多元主体协作治理是校园欺凌防治的枝干，而最终日本校园欺凌防治政策的精髓在于强化"德育预防"。随着信息技术的发展、考试压力的增加等，当前的校园欺凌呈现出网络化、原因多样化、手段复杂化的特点，校园欺凌的隐蔽性和普遍性更甚。这使得日本的校园欺凌防治政策以预防为主，而最行之有效的方式便是提升学生个体的品德认知与防范意识，从根本上阻止校园欺凌的发生。日本的预防手段主要有三种：校园文化影响、品德教育渗透和家庭教育合理配合。

第一，学校注重校园文化建设，营造包容和谐的校园氛围。校园文化总是潜移默化地影响学生的心理状态。当学校充满过度的竞争压力，学生的焦虑情绪不能得到适当消解时，便容易产生校园欺凌现象。❶ 因此，学校须为学生营造积极健康的校园文化和学习风气，在课堂教学、实践活动中引导学生应当团结友爱，互帮互助。同时，学校要进行反校园欺凌学校建设，维护校园环境安全，通过教师引导、案例分析等使学生思考并认识到校园欺凌的危害，生活中避免以暴力手段解决问题，更重要的是引导学生相互尊重、珍爱生命。

第二，学校开展品德教育实践，培养学生的社交能力与情感技能。学校在提升学生品德和价值观建设上采取了多样的方

---

❶　高晓霞. 日本校园欺凌的社会问题化：成因、治理及其启示 [J]. 南京师大学报（社会科学版），2017（4）：100–108.

式。一方面，学校开展了丰富的社会实践活动，如志愿者活动、自然体验活动、社区服务活动等❶，强化学生的社交能力，避免产生孤独感，同时实践活动需要学生合作完成，也引导学生团结友爱、友善沟通。另一方面，学校还增加了德育科，丰富德育教材，并以实际发生的校园欺凌为案例，帮助学生正确认识校园欺凌，培养学生应对危险的能力，引导学生面对校园欺凌时及时寻求帮助。❷

第三，家庭提供和谐的教养方式，重视家庭教育的有效参与。一方面，家长须学习如何保护学生的身心健康。家庭是每个学生性格养成的关键场所，父母的教养方式、生活习惯都会影响孩子的人格养成。若家长采用暴力手段压制学生，那学生极有可能将这种暴力转移为对他人的欺凌。因此，学校须推进家庭教育，积极召开家庭教育研讨会，引导家长以科学健康的方式教养学生。另一方面，家长是学校和学生的沟通纽带。由于校园欺凌的隐蔽性，有时很难在早期及时预防，家长应当与学生、学校和相关机构及时沟通，充分给予被欺凌学生安全感，以确保及时应对校园欺凌问题。

四、日本中小学校园欺凌防治政策的成效与挑战

日本政府通过数据追查、专项立法、多主体协作、教育预

---

❶ 文部科学省. 小学校学習指導要領解説省. 特別の教科道徳 ［Z］. 东京：文部科学省，2017：105.

❷ 曹燕. 国外校园欺凌防治政策的共同特征及其启示 ［J］. 外国教育研究，2018，45（8）：56－67.

防等手段，凝聚各界力量，构建日本中小学校园欺凌防治体系，取得了较为良好的成效。首先，日本在法律中明确了校园欺凌的概念，使各方对校园欺凌认定有据可依。其次，日本社会从系统层面推动反欺凌机制的实施，深化合作伙伴关系，注重多主体治理的有效协同。最后，日本社会对校园欺凌现象给予了充分关注，这表明大众对于校园欺凌的认知已经不再是学生间的小打小闹，而是将其视为严峻的社会问题。尽管如此，校园欺凌形成原因之多样、涉及环节之复杂，也绝不是一朝一夕的防治政策就可以根治的。因此，日本校园欺凌防治政策还须不断完善，尽可能弥合政策文本和实践之间的差距。校园欺凌防治仍须持续发力，久久为功。

（一）日本中小学校园欺凌防治政策的成效

第一，厘清概念边界，使校园欺凌防治有据可依。校园欺凌问题治理的第一步是明确界定校园欺凌，使校园欺凌认定有据可依，能够依据不同欺凌类型，健全政策措施。日本对校园欺凌的界定并非一蹴而就，而是经历了校园欺凌认定主体的变化。起初，校园欺凌的判断权在学校手中。1985 年，文部科学省将校园欺凌定义为"单方向、持续性地向处于弱势地位的一方施以身体或心理攻击，使对方感到严重痛苦的行为。该行为事实须得到学校确认"。1994 年，随着欺凌治理模式的变化，官方将定义中的"该行为事实须得到学校确认"更改为"不应凭借表面上或形式上的特征判断该行为是否属于校园欺凌，而需要从被欺凌学生的立场出发进行判断"，更加注重被欺凌者的主体性。2006 年修改定义为"将学生向与自己有一定人际关

系的学生施加心理或物理的影响，使得遭受该行为的学生感受
到身体或心理的影响"，删除了"单向、持续、严重"等，并
对"一定的人际关系"和"攻击"作出解释。直至 2013 年修
订《校园欺凌防止对策推进法》明确了校园欺凌的定义："无
论校内外，在该学生所在学校由与该学生等有一定人际关系的
人实施对该学生产生心理或物理的影响，包括通过网络实施的
欺凌行为并使得被欺凌儿童等感到身体痛苦的行为。"❶ 该校园
欺凌的定义范围较为宽泛，以被欺凌者主体的主观感受为主，
能够最大限度保障被欺凌者的利益，有效地将校园欺凌遏制在
萌芽状态。并且，这一定义也成为学校、地方以及国家机关认
定校园欺凌的依据。

第二，形成系统机制，使校园欺凌治理分工明确。确定校
园欺凌的概念后，日本注重多主体治理的有效协同，从系统层
面推动了反欺凌机制的实施。一方面，日本中小学校园欺凌防
治的系统性体现在纵向体系化。首先，由国家颁布法律，明确
防治方针，制定防治规则，构建了一个易于执行的防治框架。
其次，地方依据自身条件，细化国家方案，完善地方反欺凌组
织建设，制定地方方针和实行防治措施。最后，由学校依据地
方要求，每个学校都具有明确细致的应对校园欺凌的方案和措
施，配备学校反欺凌组织，实施校园欺凌调查与分析，并提交
调查报告。另一方面，日本中小学校园欺凌防治的系统性体现
在横向合作化。各机构、组织、个人之间紧密协作，实现校园
欺凌信息共享。文部科学省、地方校园欺凌对策委员会、学校

---

❶ 文部科学省. いじめの定義：児童生徒の問題行動等生徒指導上の諸問題
に関する調査 [EB/OL]. (2013 – 05 – 24) [2022 – 08 – 17]. http：//www. mext.
go. jp/a_menu/shotou/seitoshidou/__ics-Files/afieldfile/2013/05/24/1335366_1. pdf.

校园欺凌对策委员会都建立了相应的咨询机制，对校园欺凌信息进行整合。同时学校也会联合家长组织、社区、地方公共团体对学生受校园欺凌情况进行走访调查。各机构组织之间在信息共享的基础上还会相互给予援助支持。如警察局、地方法务部门会派驻专业人士进校园，开展"治安教育课堂"活动保障校园安全。若发生校园欺凌事件，则需要引入第三方校外社会机构进行评估。

第三，强调认知建设，使校园欺凌现象得到重视。欲真正解决校园欺凌现象，以"堵"为治的方式将大大拉长防治战线。因此，日本对校园欺凌的防治政策改为以"防"为主，由注重对欺凌行为的规范矫正，转向重视社会环境因素的影响。日本政府充分利用民间力量对校园欺凌进行防治。一方面，引导民众重新审视校园欺凌、正确认识校园欺凌。首先，国家专门针对校园欺凌立法，并将校园欺凌行为直接与刑法对接，传递出国家对校园欺凌零容忍的态度和立场。其次，国家充分利用公共媒体、公民馆教育、讲座等方式提高反欺凌政策的宣传和普及力度。如日本 NHK 推出的"如何防治欺凌"系列主题节目、部分影视作品主题均与"校园欺凌"相关等，在一定程度上不断引发人们对于校园欺凌的思考和重视。最后，引导教师、学生、家长等群体重视校园欺凌。如增加教师培训中关于反欺凌知识的培训、对学生增加相互理解的德育课程和应对校园欺凌的方案措施、在学校与家长的沟通中引导家长重视家庭教育，防范校园欺凌事件。另一方面，吸引地方团体积极参与校园欺凌防治。校园欺凌的防治仅有认识还不够，需要社会整体通力合作，社会各界均加入校园欺凌防治中去。《校园欺凌防止对策推进法》要求学校成立防止校园欺凌对策委员会，其中委员会成员必须具有教育学、心理学、法学、医学、社会学等专业知识。这使得学校聘请临床心理咨询师、社会福利工作者、医生、法律工作者等社会人士，同时还会邀请地方保护司、儿童委员会、NPO、NGO 等社会组织参与校园欺凌防治工作。而这些社会专业人士的参与使得校园欺凌防治更具权威性、针对性和综合性。

（二）日本中小学校园欺凌防治政策面临的挑战

日本中小学校园欺凌防治政策取得显著成效的同时，仍然存在问题和不足。政策的出台并不意味着校园欺凌现象就得到了遏制或终止，在实施过程中，弥合政策文本与实践活动之间的落差是进一步完善政策、固化校园欺凌防治体系的关键。日本中小学校园欺凌防治政策在实践中仍面临许多挑战。第一，虽然有关重大恶性校园欺凌事件有所减少，但整体的校园欺凌件数仍处高位。2019 年度国立、公立、私立学校的校园欺凌总数达 612 496 件，2020 年度校园欺凌总数达到 517 163 件，其中日本公立学校校园欺凌事件竟达 507 839 件。校园欺凌还呈现低龄化特点，日本 2020 年小学校园欺凌事件达到 420 897 件。❶由于重大欺凌事件会被追究刑事责任，因此重大事件的发生率降低。然而，普通校园欺凌事件的惩罚措施有效性不高，因此校园欺凌的惩戒措施仍需完备。第二，没有明确对校园欺凌治理过程中执行机构的考核细则，对于各部门有效履行职责的监

---

❶ 文部科学省. 児童生徒の問題行動・不登校等生徒指導上の諸課題に関する調査結果について［EB/OL］.（2021 - 10 - 13）［2022 - 08 - 17］. https：// www. mext. go. jp/content/20211007 - mxt_jidou01 - 100002753_1. pdf.

督措施有待加强，避免各部门职责流于形式，工作相互推诿。第三，将学校考核与校园欺凌发生件数挂钩，不可避免地出现学校为了"声誉"而选择正面的自我评价，出现瞒报、漏报或者懈怠处理校园欺凌事件的情况，从而导致更恶劣的事件发生。第四，虽然反欺凌政策鼓励多元化参与，但校外力量对于校园欺凌的参与度仍然较低。以 2020 年文部科学省对校园欺凌的调查数据为例，校园欺凌事件多数仍由教师主动观察发现，仅有 32.5% 的校园欺凌事件是由教师以外的人员发现的。其中，由学生自己主动求助后意识到的校园欺凌事件数有所增加，这意味着学生能够对校园欺凌有正确认识并主动求助。但是，由学校外机构或社区居民发现并上报的校园欺凌事件数少之又少，仅占 0.2%。❶

---

❶　文部科学省. 児童生徒の問題行動・不登校等生徒指導上の諸課題に関する調査結果について［EB/OL］.（2021 – 10 – 13）［2022 – 08 – 17］. https：// www. mext. go. jp/content/20211007 – mxt_jidou01 – 100002753_1. pdf.

第四章　澳大利亚中小学校园欺凌防治政策

　　校园欺凌问题是世界范围内的公共议题，各个国家群策群力，共同探寻校园欺凌防治的有效路径。澳大利亚作为一个移民国家，内部存在多元文化冲突，由此引发的校园欺凌经久难解。当前，在澳大利亚，防治校园欺凌已经被当作社会问题和人权运动的一部分。澳大利亚针对校园欺凌问题，推出一系列反欺凌政策。从价值观教育入手，消弭文化冲突，是澳大利亚中小学校园欺凌防治的主线索。澳大利亚反欺凌政策以国家立法为指示，地方政府作出回应；以学校为防治主体，助力全社会共同参与；以科学预防和有效干预为抓手，配合及时应对，共同构筑澳大利亚中小学校园反欺凌防线。

一、澳大利亚中小学校园欺凌防治政策的制定背景

（一）国际社会对校园安全的吁请

　　近年来，世界各地校园欺凌、暴力、儿童虐待问题层出不穷，引起国际社会的广泛关注。一方面，国际组织对保护儿童和青少年学校安全提出要求。1989 年《联合国儿童权利公约》强调保护儿童的生活质量、在安全环境中接受教育的权利以及

免受一切暴力、侵害、骚扰和忽视行为的重要性。❶ 2001 年，世界卫生组织和联合国教科文组织就安全学校建设发布《加强学生与学校的联系的报告》，要求建立"学校与儿童和青少年心理健康关系国际同盟"（INTERCAMHS），主张对以校园欺凌、暴力、骚扰为代表的心理安全问题采取"零容忍政策"，建立良好的非物理环境，促使学生走向成功。另一方面，欧洲各国纷纷对校园安全提出立法。1989 年 9 月，瑞典卡罗林斯卡研究所主办了首届国际事故伤害及预防会议，自此之后，以保障学生安全为特征的安全学校建设正式进入各国政府的关注视野，欧洲国家纷纷对学校安全建设进行立法。

国际社会对校园安全的重视程度之高引起了澳大利亚的政府的反思。《澳大利亚学校报告（2002）》（*National Schooling Report in Australia* 2002）指出，澳大利亚对学校安全的重视程度已远远落后于欧洲国家，因此，制定出强有力的国家政策以保障学生的安全刻不容缓。❷ 校园欺凌对学生造成的伤害不仅体现在身体上，还会对心理造成长期影响。面对严峻的学生欺凌问题，为了让所有学生能够在安全的环境中学习与成长，澳大利亚颁布了《国家安全学校框架》，确立"让学生在没有欺凌、骚扰、攻击与暴力的环境中学习与成长"的基本目标。❸

---

❶ 阮亚林. 英澳防治校园欺凌政策的比较研究［D］. 兰州：西北师范大学，2017：24 - 25.

❷ 曾柏森. 澳大利亚《国家安全学校框架》（NSSF）研究［D］. 重庆：西南大学，2013（4）：6.

❸ NSS，Framework resource manual［EB/OL］.（2016 - 05 - 08）［2022 - 08 - 02］. https：//www. deewr. gov. au/Schooling/NationalSafe - Schools/ocuments/NSSFramework ResourceManual. pdf.

（二）原有政策法规落后时代发展

随着时代的进步，澳大利亚联邦政府和各州、领地政府先前颁布的各项政策和法律都相继出现各种问题，主要由于欺凌的表现形式复杂多样，作为一种新事物，人们对其认识不够，原有的政策和法案无法有效解决当前校园欺凌的形式变化，使得联邦政策和地方政策之间缺乏协调统一性。[1] 首先，原有的政策法规缺乏针对性。其过度追求政策实施的共性而忽略个体及环境的特殊性，从而导致各项地方政策无法因地制宜地发挥作用。学生个体因种族、性别、肤色、年龄等方面而受到欺凌和歧视时的不同表现反映出学校应当采取针对性的解决方式，从而在教育中根据学生的个体情况消除欺凌和歧视。其次，原有政策法规缺乏实用性。自由政策在教育上得以全面实施后，持不同文化背景、种族观念的人群的入学安全问题受到重视。然而，地方政府学校安全的政策或法案，若涉及文化因素对学校安全的影响，其解决方式则多是从消除文化歧视的单一角度阐述。另外，各地方政府虽有健全的政策、法案，但这些法案自制定以来一直未有过修订，很难满足新时代需求，其在保障学生心理安全上的实际价值受到质疑。最后，原有的政策法规缺乏协同性，澳大利亚人口流动的频率远比各州政策、法案的制定与更新速度快，学生在不同州入学后很难持续性享有在安

---

[1] 张珊. 西班牙和澳大利亚中小学网络欺凌防治政策比较研究 [D]. 兰州：西北师范大学，2021：63.

全学校环境中学习的机会。❶ 因此，为了消除以往地方政策缺乏动态性、协同性和实用性的弊端，澳大利亚政府表示，需要制定全国统一的政策，且要做到全面具体，能够根据地方实际情况进行调整，使之与当前中小学校面临的学生心理安全问题保持一致，制定出解决校园欺凌问题的目标政策。❷

（三）中小学校园欺凌现象频发

20 世纪 90 年代以来，澳大利亚中小学校园欺凌现象增多，各地学生欺凌现象发生概率居高不下，校园欺凌问题引发社会广泛关注，也引起了澳大利亚政府的重视。❸ 1991 年，在澳大利亚一份有关欺凌问题的报告中，里格比（Rigby）和斯里（Slee）指出南澳大利亚州男女生遭受欺凌的比例分别达到 17% 和 13%。❹ 据澳大利亚各州 60 所学校样本的统计资料数据显示，在把欺凌定义为包括起绰号、被冷落、被威胁、被踢打等多种形式的情况下，每周至少遭受 1 次欺凌的男女生比例达20.7% 和 15.7%，并且 55% 的男生和 40% 的女生表示曾经遭受过欺凌。❺ 澳大利亚将近 25% 的在校学生（约 911 万名学生）

❶ 曾柏森. 澳大利亚《国家安全学校框架》（NSSF）研究 ［D］. 重庆：西南大学，2013（4）：6.

❷ 冯帮，何淑娟. 澳大利亚中小学反校园欺凌政策研究：基于《国家安全学校框架》解读 ［J］. 外国中小学教育，2017（11）：35 – 43.

❸ 冯帮，何淑娟. 澳大利亚中小学反校园欺凌政策研究：基于《国家安全学校框架》解读 ［J］. 外国中小学教育，2017（11）：35 – 43.

❹ RIGBY K, SLEE P T. Victims and bullies in school communities ［J］. Australasian Society of Victimology，1990（1）：25 – 31.

❺ RIGBY K. Children and bullying：How parents and educators can reduce bullying at school ［M］. Boston：Blackwell Publishing，2008：110.

在上学期间遭受过欺凌；每年，所有学校中约有 4500 万起欺凌事件，欺凌者与被欺凌者的数量分别达大约 54.3 万名和 21.8 万名。2018 年在南澳大利亚州 4 ~ 10 年级的学生调查结果显示，18% 的学生每周至少被欺凌一次，50% 的学生每月被欺凌一次，很少遭遇欺凌的学生人数仅占 32%。随着互联网技术的不断革新以及多元社会的快速发展，青少年使用网络的机会增多，加大了儿童和青少年对社交媒体的依赖，校园欺凌的表现形式也逐渐具有随机性和广泛性，校园欺凌行为逐渐向网络空间延伸，网络欺凌受到澳大利亚政府和社会的关注。据有关数据显示，有大约 1/6 的学生每周或更频繁地遭遇隐性欺凌，且不容易被发现，学校工作人员表示在小学举报网络欺凌的概率达 1.2%，高中则达 9.1%。❶ 同时，研究表明有 86% 的儿童和青少年认为网络欺凌对自己各方面造成了影响，还有 3% 的青少年正在考虑自杀。❷ 由此可见欺凌事态的严峻性，制定有效的学生安全和健康防治政策工作刻不容缓。

（四）多元化社会加剧校园欺凌

澳大利亚是一个典型的移民国家，多民族和多元文化是其最鲜明的特征之一，澳大利亚现有人口 2000 余万，其中移民人

---

❶ Australian covert bullying prevalence study ［EB/OL］. (2016 – 12 – 2) ［2022 – 08 – 02］. https：//docs. education. gov. au/system/files/doc/other/australian_covert_bullying_prevalence_study_executive_summary. pdf.

❷ PRICE M, DALGLEISH J. Cyberbullying：experiences, impacts and coping strategies as described by Australian young people ［J］. Youth Studies Australia, 2010, 29 (2)：51 – 59.

口超过 374 万，❶ 先后有 140 多个民族移民到此，澳大利亚被喻为"民族的拼盘"。从 20 世纪 70 年代开始，澳大利亚一直实行多元主义政策，更加注重价值观教育，致力于构建以自由、民主、平等、包容、尊重、公正为核心的多元主义文化的价值观。一方面，澳大利亚不仅有效地保护和留存了当时的土著文化，充分挖掘本国文化，还积极拓展世界文化多样性，尊重与包容不同民族与价值观。❷ 另一方面，澳大利亚也是一个宗教自由的国家，基督教、天主教、印度教、犹太教、伊斯兰教和佛教等宗教信仰在这个国家并存。在这样一个多元复杂的大背景下，有融合也会有分歧、冲突甚至暴力，不同族群、宗教信仰和文化都可能成为欺凌产生的原因。在外来文化的冲击、经济形态的转变、不同种族文化和高科技产物的影响下，澳大利亚社会关系日渐疏离复杂，导致犯罪与暴力事件激增，尤其是校园欺凌事件更是层出不穷，面对日趋复杂的校园欺凌形态，制定有效的防治政策成为政府的首要工作。❸自 1990 年以来，澳大利亚有关校园欺凌的研究出现了惊人的增长，并涌现大量高质量的研究和调查，进一步扩大对校园欺凌的认识❹，自此引发对校园欺凌的热议，也使原本不相信欺凌问题会如此严重的学校积

❶ Department of Immigration and Border Protection, Australian Government. Migration programme statistics［EB/OL］.（2017 – 07 – 04）［2022 – 08 – 02］. http：// www. border. gov. au/about/reports – publications/research – statistics/statistics/live – in – australia/migration – programme.

❷ 张珊. 西班牙和澳大利亚中小学网络欺凌防治政策比较研究［D］. 兰州：西北师范大学，2021：63.

❸ 阮亚林. 英澳防治校园欺凌政策的比较研究［D］. 兰州：西北师范大学，2017：24 – 25.

❹ RIGBY K, SLEE P T. Victims and bullies in school communities［J］. Australasian Society of Victimology, 1990（1）：25 – 31.

极投入反欺凌工作。另有数据显示，1990—1999 年，澳大利亚关于欺凌的期刊文章、报告和书籍的出版量也呈现不断上升的趋势❶，关于校园欺凌议题的研究兴趣只增不减也从另一个角度显示出校园欺凌的严峻性以及社会对欺凌的热切关注度。

二、澳大利亚中小学校园欺凌防治政策的具体内容

（一）标准：出台法律法规，制定反欺凌政策

1. 反欺凌政策法规的颁布与指导

严格的执法是保证法律治理的重要途径，配套的行政法规在校园欺凌治理中能为法律的完善提供有益探索和补充。澳大利亚新州制定了一系列应对欺凌行为的执行文件，新州的教育与社区部还开设了 "Bullying, No way!" 和 "Safe School Hub" 等网站，向教师、孩子、少数族裔介绍校园欺凌相关信息。❷ 2003 年《澳大利亚国家安全学校框架》的出台首次成为其在国家立法层面上的反校园欺凌政策，同时各州在该法案的指导下相继出台了符合当地实际的反欺凌政策。目前，澳大利亚已形成学校、家庭、社会共同合作的校园欺凌治理模式，

---

❶ A review of literature （2010 – 2014） on student bullying by Australia's Safe and Supportive School Communities Working Group ［EB/OL］. （2016 – 12 – 7）［2022 – 08 – 02］. https：//bullyingnoway. gov. au/UnderstandingBullying/Documents/review – of – literature2010 – 2014. pdf.

❷ 驻澳大利亚使馆教育处. 澳大利亚："反欺凌"的责任主体下移 ［J］. 人民教育，2016 （11）：23 – 25.

各主体职责明确，同时添设"欺凌零容忍"网站、反欺凌求助热线等多种反欺凌途径。澳大利亚的学校有权对欺凌者作出留堂、停课、警告、通知监护人、开除等处罚。此外，澳大利亚非常注重对教师进行反欺凌培训、对学生进行情感式教育，不断增强他们的社交能力，培养他们宽容、理解、尊重他人的良好品质。[1]

2. 反校园欺凌政策的价值目标

反欺凌政策明确校园欺凌定义，在澳大利亚，对校园欺凌的界定包括三个关键要素：第一是身体、语言或心理攻击以及恐吓胁迫，目的是让被欺凌人害怕、苦恼或者受到伤害；第二是力量的不平衡（身体或心理），更强大的儿童（或儿童群体）压制力量弱的一方（儿童或儿童群体）；第三是长时间相同儿童间的重复事件，校园欺凌可以在学校或上学、放学路上发生。

在厘清校园欺凌的定义后，明确了校园欺凌的形式和类型，各方对校园欺凌的治理也有据可依。然而，反校园欺凌政策的颁布最终落脚于价值目标的实现，即让任何公民在任何地方都不会受到任何形式的欺凌，绝不容忍任何在学校社区中妨碍学生健康的不当行为的发生，学生、教师、家长和广大社区成员拥有共同的责任来创造安全、快乐、免受各种形式欺凌的环境，让学生拥有一个和谐、温暖、健康的学习环境，保证学生享受优质教育，帮助他们成为为自己和社区创造积极未来的自主的

---

[1] 旷乾，田春. 校园欺凌综合防治的国际比较及启示 ［J］. 基础教育研究，2020（3）：14－16，19.

终身学习者。❶ 另外，校园欺凌给牵涉其中的学生、家庭带来深远的负面影响，无论是家庭、学校，还是社会，都应该重视起来，以教育为起点，给孩子打造一个阳光和谐的成长环境，澳大利亚中小学在冲突解决教育的过程中，注重对学生施行与冲突密切相关的价值引导，培养妥协、同理心、和平和宽容等社会意识，从而实现全民的健全发展。

3. 反欺凌政策规定主体职责权限

学校存在于整个社会大环境中，在学习和工作环境中预防和应对欺凌事件是学校领导和教职员工、学生、家长以及社区成员共同的责任，因此要解决中小学校园欺凌的问题，首先要做到明晰相关者的责任，从而在欺凌事件发生时更快地明确责任主体，高效快速地解决问题。首先，校长需要承担的职责主要有：确保学校采纳并制定反欺凌政策、重视全员参与性、制定妥善的惩罚细则、建立学生行为准则与冲突解决机制、教育学生认真履行需承担的责任义务、确保整个防治体系协调有序进行；其次，教师职责主要有监督指导青少年的行为、时刻关注学生的行为、采取正确的规范要求学生并以身作则、不可对学生施暴或者变相体罚、严格遵守学校的校园欺凌处理政策并及时向学校相关部门报告发生的欺凌事件以及对该事件的处理方式和善后操作；最后，家长的职责主要有必须积极参与学校的反欺凌建设、在家庭教育中提高对子女情感教育的温度、参与建立亲子友好机制并快速了解他们的思想情感动态，从源头

---

❶ Bullying: Preventing and responding to student bullying in schools policy [EB/OL]. (2017 - 01 - 09) [2022 - 08 - 02]. https: //education. nsw. gov. au/policy - library/policies/bullying - preventing - and - responding - to - student - bullying - in - schools - policy.

避免欺凌行为的出现、在自身学习中不断加强处理欺凌行为的水平。❶

（二）预防：加强教育工作，遏制校园欺凌萌芽

校园欺凌发生前的预防工作是校园欺凌防治的重点工作，也是阻断校园欺凌最有效的方式。首先，学校是校园欺凌治理的关键责任主体，各学校需将反欺凌教育植入校园文化建设之中，对欺凌事件及时展开干预。其次，家庭和社会是校园欺凌防治的重要中介，应当重视在家庭教育中对反欺凌意识的培养，注重发挥社会在校园欺凌防治中的作用，联合社会多方力量，提高社会对校园欺凌的认知，营造反欺凌的社会环境。最后，积极应对校园欺凌新形势，注重网络校园欺凌的防治。

1. 校园内：反欺凌教育与校园文化建设相融合

学校的预防重点包括提升学生社会和情感能力、批判性思维、社会交往能力、数字公民能力以及保护学校范围内所有成员的安全、支持和尊重的学习和工作环境的责任，了解在校内和校外发生的影响学生安全的问题。❷

第一，澳大利亚注重价值观培养，强调形成支持、尊重的学校文化。其一是加强学生与学校的联系；其二是教职员工建立并推广明确的亲社会价值观，同时运用到生活实践中；其三是在学校的包容性行动中明确表示尊重和支持学生的多样性；

---

❶ 王天. 中小学校园欺凌事件的处理研究 ［D］. 沈阳：沈阳师范大学，2017：31.

❷ 张珊. 西班牙和澳大利亚中小学网络欺凌防治政策比较研究 ［D］. 兰州：西北师范大学，2021：68.

其四是积极关心、尊重学生同龄关系、师生关系和教师任教的关系；其五是加强父母与学校的联系；其六是关注教职员工的健康和安全；其七是对儿童保护问题的适当监测和应对；其八是关注学校中特殊人群的特殊需求。❶ 学校通过营造和谐的校园文化氛围，尊重价值观的多样性，增强校园活力。

第二，澳大利亚重视校园安全的构建，强调确保学生在校权利和安全。对于儿童和青少年来说，学校是社区中最安全的地方之一，学生身心健康与学生学习息息相关，是学生成功参与教学的基础，所有学校都必须促进和提供一个安全的、支持的学习社区。澳大利亚政府在《国家安全学校框架》中提出了所有学校都是增进学生福祉的安全、相互支持和尊重的教学社群的总体愿景，并强调在学习环境中学生安全和健康是有效学习先决条件的重要性，并向学校提出以下五项指导原则确保学校所有成员在校安全的权利：其一是承认在校安全及给予支持是维护学生福祉和有效学习的关键；其二是承担发展和维护安全的、给予支持的教学社群的责任；其三是鼓励所有学校成员积极参与发展安全学校社群；其四是积极支持年轻人发展理解力和技能来保护自己和他人的安全；其五是致力于由全校参与和基于证据的方法建立一个安全的学校社群。❷

第三，澳大利亚开设安全教育课程，强调在课程学习中教授学生与校园欺凌相关的知识和法律政策。❸ 学生进入小学后，

---

❶ 冯帮，何淑娟. 澳大利亚中小学反校园欺凌政策研究：基于《国家安全学校框架》解读 [J]. 外国中小学教育，2017（11）：35–43.

❷ 阮亚林. 英澳防治校园欺凌政策的比较研究 [D]. 兰州：西北师范大学，2017：38.

❸ 杜海清. 澳大利亚、欧美国家应对网络欺凌的策略及启示 [J]. 外国中小学教育，2013（4）：15–20.

预防欺凌教育就被纳入一门叫作"健康和体育"（Health and PE）的课程，学校会开展"自我保护、尊重自己、尊重他人"一系列的教育活动。每个家长在学生在校期间都会收到一封邮件，内容包括"什么行为是欺凌""欺凌有哪些表现""孩子如果受到欺凌时应该怎么做""看到其他同学受到欺凌时孩子应该怎么做""学校对校园欺凌的态度""遇到校园欺凌事件学校的处理机制"等。除此之外，学校还设置"反思室"（Reflection Room）。学生出现不良行为时，就会被送到反思室进行自我反思，表现好的学生会获得奖励卡，表现不好的会被扣分，这种奖励机制在很大程度上约束了不良行为。有调查显示，困扰澳大利亚很长时间的校园欺凌问题已经开始发生改变，2007 年全澳学龄儿童中遭遇欺凌的比例为 27%，而 2015 年这一比例为 20%。❶

2. 校园外：反欺凌政策调动多方力量协同治理

澳大利亚反网络欺凌特别注重协同各方参与。澳大利亚立法中明确规定，每个学区、每个学校都要由学生、学生家长、学校雇员、政府官员以及社区代表共同参与，制订一套反欺凌方案用于各个学校的校园欺凌治理。该方案除包含反校园欺凌法确立的法定义务外，还强调多方共同参与下的、更具可操作性的反校园欺凌具体措施。❷

第一，注重家庭教育与学校教育相配合，共同进行反欺凌教育。首先，优质的家庭教育可以巩固学校教育的成果，学校教育和家庭教育是互相补充、相互促成的，家校合作的促进可

---

❶ 陈静，宗权. 校园欺凌：其他国家是如何应对的 [J]. 辽宁教育，2017 (12)：83 – 86.

❷ 王静. 校园欺凌治理的法治化路径 [J]. 法治与社会，2016 (11)：202.

以提高教学质量和效率，有效地避免孩子走向不正确的道路。这种家庭教育和学校教育是对接与互补的关系。其次，在教育过程中，教师和家长的沟通和配合是促进家校合作的核心，是素质教育成功的基础。未成年人承载着家庭的希望，尤其是独生子女更是被视为珍宝，当他们走进校园，教师通过有组织有系统的教育活动努力将他们培养成才。正因为家长和教师培育对象的同一性和培养目标的一致性，校园欺凌也就成为他们共同的敌人。最后，在防治校园欺凌中，需要教师和家长有一致的目标，有效配合、积极交流，教师和家长要对自己的责任和义务分工明确，让教育能实现最大的成效。

第二，注重营造反欺凌的社会氛围，强调社会力量的广泛参与。首先，以立法形式明确反欺凌的社会态度。澳大利亚新州教育与社区部以完善制度的形式来应对可能出现的任何校园欺凌与校园暴力行为，并号召全社会参与，共同预防和解决校园欺凌与校园暴力问题。为协助澳大利亚学校创建所有成员都免受骚扰、侵略、暴力和欺凌的安全的教学社群，《国家安全学校框架》确定了 9 个关键要素，这 9 个因素反映了一点，即发展和维持一个安全和支持性的学校社区需要学生、教师、家长以及社区和教育系统、教育部门建立相互尊重的伙伴关系，共同努力，共同参与。2010 年，澳大利亚成立安全学校联盟（Safe Schools Coalition Australia），后陆续有 500 余所学校加入这一联盟，共同致力于减轻校园欺凌对学生的伤害。❶ 其次，以丰

---

❶ Australian Government Department of Education and Training，review of appropriateness and efficacy of the safe schools coalition Australia program resources［EB/OL］.（2017 – 06 – 18）［2022 – 08 – 02］. http：//www. education. gov. au/student – resilience – and – resilience – and – wellbeing? resource = .

富的社会反欺凌活动，营造反欺凌的社会氛围。澳大利亚教育部倡议并设立了主题为"一起站起来"（Take a stand together）的反欺凌反暴力国家行动日，为全民参与反欺凌行动提供平台。该国家行动日是澳大利亚学校最大的反欺凌活动，于每年3月第三个星期五举行，明确呼吁"校园欺凌和校园暴力任何时候都不行"的主张，为澳大利亚学校和学生提供向社区宣传和推广反欺凌倡议和策略的机会。学校、学生、教师和家长可以通过"国家行动日"宣扬坚决反对一切校园欺凌和校园暴力的态度和立场，开展各种活动以促进尊重、包容性学校社区的建设，与学校社区分享反欺凌计划和成果。❶ 最后，通过提高社交关系来防治校园欺凌。如南澳大利亚州政府采取"内预外防"的社区驱动方案，其认为造成欺凌的主要因素有个人因素、社会动态、社会文化因素，并通过塑造积极和包容的行为、减少排他性和侵略性的行为、加大欺凌问题的解决力度。解决冲突、弹性的教学技巧能力、促进儿童和青少年周围的包容性环境以及减少儿童和青少群体的不公平来建立积极的社会关系，以促进儿童安全与福祉理念。❷

第三，注重形成学校、家庭和社会三者共同协作参与校园欺凌防治主体。澳大利亚政府协同学校、家庭和社区三方共同参与解决学生的校园欺凌问题，成立了名为共同合作小组（School - Family - Community Partnerships）的专门机构，通过家庭、学校、社区三方的交流合作，起到了有效抑制校园欺凌的

---

❶ 阮亚林. 英澳防治校园欺凌政策的比较研究［D］. 兰州：西北师范大学，2017：41-43.

❷ 张珊. 西班牙和澳大利亚中小学网络欺凌防治政策比较研究［D］. 兰州：西北师范大学，2021：44.

作用。首先，提高教师对校园欺凌的重视度。根据《国家学校计划协议》，教育部门和电子安全专员办公室为所有教师提供网络欺凌专业培训，确保教师能更高效地为儿童和青少年提供帮助，免受一切形式的欺凌。其次，提高家长对校园欺凌的敏感度。教育部门也为家长提供了不同年龄阶段网络欺凌应对指南，包括相关教育课程、视频以及其他资源；与家长形成合作关系，积极配合学校解决欺凌问题。最后，提升社区对校园欺凌的认识，明确自身职责。儿童和青少年心理卫生服务机构将提供心理健康服务，帮助受害者缓解情绪压力，解决心理问题；法律服务委员会制订社区反欺凌计划，明确欺凌和网络欺凌行为中涉及的法律责任。❶

3. 网络上：反欺凌政策与网络监管相结合

随着信息化时代的快速发展，校园欺凌的类型也从传统的表现形式转变为网络世界的变异体，其主要呈现形式为网络欺凌。网络欺凌是个体或群体通过电子或数字媒体反复地传播有敌意的或攻击性的信息，企图给他人带来伤害或不适的行为。❷这种欺凌形式具有很强的游弋性，难以把控其所出现的时间地点，更难判断欺凌主体。并且这种新型校园欺凌在不良影响方面远超传统校园欺凌，对被欺凌者的心理层面所造成的损害更大，也更具长期性，是当下需要特别关注和亟待解决的一种校

---

❶ 张珊. 西班牙和澳大利亚中小学网络欺凌防治政策比较研究 [D]. 兰州：西北师范大学，2021：45.

❷ 何丹，范翠英，牛更枫，等. 父母教养方式与青少年网络欺负：隐性自恋的中介作用 [J]. 中国临床心理学杂志，2016，24（1）：41−44，48.

园欺凌类型。❶

澳大利亚是世界上最早对互联网进行完善、管理的国家之一。面对日益严峻的中小学生网络欺凌问题，早在 2005 年，澳大利亚联邦政府就成立了澳大利亚传播和媒体管理局（Australian Communications and Media Authority，ACMA），对广播、电视、电信与互联网实行联合管理。所有媒体的信息传播都必须受到 ACMA 的跟踪监管。澳大利亚对网络管理的法规由政府、行业和受众代表共同制订，澳大利亚网络服务提供商与传播和媒体管理局签署协议，保证不传播谣言、垃圾邮件等。传播和媒体管理局还向网络服务商提供过滤软件，以保证协议的有效执行。❷ 这一举措有效降低了不良信息的传播量，保障中小学生拥有一个相对健康的网络环境。澳大利亚 2015 年的《加强网络安全法》中提出了一个社交媒体服务分级方案。该方案以各大供应商的服务情况为标准将其划分为一级和二级两个大类，不同大类的供应商所接受的监督和管理程度不同。2015 年 7 月 1 日，澳大利亚成立儿童电子安全专员办公室（Office of the eSafety Commissioner，OESC），这是世界上首个专门针对以网络欺凌为代表的网络安全问题的政府机构。OESC 的主要目标是为澳大利亚人民提供网络安全方面最新的信息资源以及全面的投诉系统，为经历严重网络欺凌的青少年提供及时帮助，建立一个没有网络欺凌的环境。OESC 的主要职能：一是与其他主体合作；二是处理网络欺凌投诉；三是提供丰富的教育资源。

---

❶ 彭霓，周敏. 社会情感学习：校园欺凌预防的新理路 [J]. 铜仁学院学报，2022（1）：46 – 53.

❷ 薛恒，陈燕. 治理网络谣言的国际经验 [J]. 中国记者，2013（5）：122 – 123.

其重在引导儿童和青少年认识网络欺凌现象和表现方式、识别网络欺凌行为、网络欺凌产生的严重后果、学习遭遇网络欺凌时如何求助；开展网络研讨论坛，通过线上培养学生、家长和老师的网络安全意识。❶

（三）应对：惩治措施与关系重建

校园欺凌具备隐匿性、持续性与多样性等特点，预防工作并不能完全杜绝校园欺凌现象的发生。因此，完善的应对策略是校园欺凌防治的最后保障。适宜的应对方式可以有效降低校园欺凌的危害，缓和学生关系。澳大利亚为了能够及时应对校园欺凌发生后的危险事件，首先，学校制定了完善的应对程序，对校园欺凌事件进行针对性干预。其次，根据欺凌行为对欺凌者实施相应惩治措施。最后，为了杜绝校园欺凌现象，学校也着力重建欺凌双方关系，愈合由校园欺凌带来的创伤。

1. 学校应对机制

学校是发生校园欺凌的主要场所，承担了校园欺凌应对的主要责任。首先，学校须制定和公布欺凌发生后的举报程序（举报人包括教师、学生、家长或监护人），快速识别欺凌行为的类型并有针对性应对，以期能够迅速有效地处理欺凌事件。其次，学校须建立校园信息处理系统，对于特别欺凌事件应有相应匹配计划与干预措施，为遭受欺凌以及目击欺凌事件的学生提供帮助和支持，在法律许可的范围内向家长或监护人及时

---

❶ 张珊. 西班牙和澳大利亚中小学网络欺凌防治政策比较研究 [D]. 兰州：西北师范大学，2021：45 - 46.

提供欺凌事件处理情况。例如，对首次进行校园欺凌的欺凌者，教师可根据其欺凌行为进行判定，并选择私下对其进行劝告、警告等手段，防止校园欺凌的再次发生。对多次进行欺凌行为的学生，将移交外部机关审理，甚至是法律的审判。❶ 最后，学校需监测和评价反欺凌计划的成效并每年向学校社区汇报。以新南威尔士州《欺凌：预防与应对学生欺凌的学校政策》为例，校长需每年向学校社区报告反欺凌计划成效，并做到每三年审查一次本校的反欺凌计划，并将审查结果明确公布于学校网站。❷

2. 对欺凌者的惩治

在发生校园欺凌事件后，对欺凌者的惩治措施关系到校园欺凌的防治效果，也是中小学校园欺凌防治中最受关注的一环。澳大利亚对于校园欺凌中欺凌者的惩治类型分为两种。其一是传统型直接制裁法。主要形式就是对欺凌者进行直接的惩治，轻度欺凌行为将受到警告、开除等惩罚；严重欺凌行为将会由教育主管部门和警察局介入进行处理。在澳大利亚，学校有权对欺凌者处以课后留堂、停课、警告、通知监护人、开除和取消学生身份等处罚。教育部门的"零容忍"态度，让"越来越多的中小学生被停课或退学，更有甚者则刚刚入读一年级和学前班就已受罚"❸。其二是非刑罚策略，又称"良性回归"策

---

❶ 陈琪，李延平. 澳大利亚中小学校园欺凌治理研究 [J]. 外国教育研究，2018（8）：91－104.

❷ 滕志妍，彭岩. 澳大利亚新南威尔士州防治学生欺凌政策述评 [J]. 基础教育，2017（17）：55－58.

❸ 驻澳大利亚使馆教育处. 澳大利亚："反欺凌"的责任主体下移 [J]. 人民教育，2016（11）：23.

略，主要是通过同辈交流或者教师谈话等方式，引起欺凌者的自我反思，纠正欺凌者的行为动机，引导其承担责任。还包括对欺凌者进行压力疏导，引导其以正确方式宣泄压力。❶然而温和化处理并不能有效震慑欺凌者，使用不当反而会使得欺凌者变本加厉，因此，该方式对教师应对校园欺凌的能力提出了更高要求。

3. 对被欺凌者的援助

校园欺凌事件发生后，不仅要关注对欺凌者如何惩治，更要给予被欺凌者适度关心与引导。首先，注重对被欺凌者的心理疏导。学校开通心理辅导通道，通过心理咨询师、教师谈话等方式，对被欺凌者及时给予心理援助，尽可能疏解其由校园欺凌带来的心理问题，避免其产生无助感。其次，帮助被欺凌者提升应对欺凌的能力。一方面，提升被欺凌者的自我保护意识和勇于求助的意识。另一方面，提高被欺凌者的自我保护能力。系统的训练使得被欺凌者在面对欺凌现象时机智应对，能够尽可能保护自身安全。最后，澳大利亚学校应对校园欺凌的核心在于修复学生关系。在重建关系之前，学校必须对其可行性进行考察。通过对欺凌频率、欺凌行为、欺凌者悔过情况、被欺凌者心理状态等进行综合考察后，可选择是否采用重建关系这一方式。❷

---

❶ 马早明，俞凌云. 澳大利亚校园反欺凌：学校治理的视角 [J]. 华南师范大学学报（社会科学版），2018（3）：105－112.

❷ 马早明，俞凌云. 澳大利亚校园反欺凌：学校治理的视角 [J]. 华南师范大学学报（社会科学版），2018（3）：105－112.

三、澳大利亚中小学校园欺凌防治政策的基本特征

（一）以法律法规为依托，重视法治化治理

第一，澳大利亚中小学反校园欺凌政策注重从上而下地进行法治体系建设。国家制定的法律法规为各地中小学反校园欺凌政策的制定提供了依据。为了应对校园欺凌问题，澳大利亚政府于 2003 年颁布《国家安全学校框架》（NSSF）来协助各学校治理校园内学生的欺凌行为，随着时间的推移，《国家学校安全框架》仍在不断被修订完善，这些法律条目为日后澳大利亚政府直接做出抵制校园欺凌的对策奠定了法律基础。[1] 通过对国家统一性的指导意见的研究学习借鉴，澳大利亚各地方政府在制定反校园欺凌政策时对反校园欺凌的必要性和重要性有了更加深刻的认识。如 2011 年 3 月，新南威尔士州政府颁布的《欺凌：预防与应对学生欺凌的学校政策》中更新了校园欺凌内涵、确定了零容忍的政策目标、要求学校主体必须及时应对校园欺凌事件。[2]

第二，澳大利亚中小学反校园欺凌政策注重法律的及时性。法谚有言："法律一经制定，便已落后于时代要求。"法律不可能超前于社会发展，面对社会的新形势、新变化、新问题、新

---

[1]　商雪敏. 澳大利亚校园欺凌预防和干预的对策及启示 [D]. 济宁：曲阜师范大学，2020：81 - 82.

[2]　滕志妍，彭岩. 澳大利亚新南威尔士州防治学生欺凌政策述评 [J]. 基础教育，2017（17）：55 - 58.

发展，必须及时对原有法律进行修改，或者制定新法，填补漏洞。近年来，网络欺凌作为一种新的校园欺凌形式引发了越来越多的关注，同时也对反校园欺凌工作带来了新的挑战。澳大利亚政府在反校园欺凌立法时也着重强调对网络欺凌的防治。如昆士兰州颁布的《确保昆士兰州学生安全》中特别指出了学校应加强教师对网络欺凌问题的专门培训。在首都堪培拉，政府制定的《澳大利亚首都地区公立中小学反欺凌、反骚扰和反暴力法案》中特别强调每年检讨方案的可行性。❶

第三，澳大利亚中小学反校园欺凌政策注重学校自治，各学校皆颁布适宜本校的校园欺凌防治政策。中小学校通过颁布本校的反欺凌治理政策，制定了本校校园欺凌问题的解决方案，明确了欺凌者应该承担的责任，具体化对欺凌者的惩戒措施，加强和规范欺凌治理的校园制度建设。❷

（二）以全社会参与为关键，强调多主体协同

在学生、教师、家长、学校、社区和政府之间建立一个相互尊重的伙伴关系是构建和维系安全且充满支持的社会生态反欺凌系统的基础。澳大利亚校园欺凌预防和干预对策强调了不同责任主体之间的责任与义务，学生主体中欺凌者、被欺凌者、旁观者和学校主体中的教师、校长以及众多的工作者等都参与到反欺凌计划中来，构成权责统一、分工明确的治理体系，治

---

❶ 黄明涛. 国外校园欺凌立法治理体系：现状、特点与借鉴——基于七个发达国家的比较分析 [J]. 宁夏社会科学，2017（11）：55-63.

❷ 陈琪，李延平. 澳大利亚中小学校园欺凌治理研究 [J]. 外国教育研究，2018（8）：91-104.

理系统中的每个环节环环相扣且相互配合，对校园欺凌的预防和干预做出了共同的努力。❶

1. 学校层面

学校有责任为学生建立安全、包容的学习环境，构建多元的价值观，明确学校在防治校园欺凌中的权责，制定相关的防治欺凌政策与计划。学校是青少年发展成才的关键地，学校的建设和发展直接影响到学生的未来。反欺凌政策的实施和渗透与学校的文化创建息息相关，要将反欺凌的意识植入每一位教职员工的脑中，学校要十分重视将其与反欺凌教育相融合，以便为学生的学习提供一个安全、良好的环境。澳大利亚政府曾在《国家安全学校框架》中提到，国家的每个学校都需要保护学生的安全，做到相互尊重，并且着重强调学生的安全和健康。另外，在澳大利亚政府颁布《国家安全学校框架》的前提下，各地方政府也在这一法律基础上颁布了适合本地区的法律政策，首都政府在 2007 年就颁布了适合自己的学校政策，这一政策出现的目的就是帮助全市的公立学校在学生的管理、停学、开除、欺凌等方面的规章制度建立时有所参考。❷

2. 社会层面

学生安全环境的创设还需要社会各界的支持，才能使学生不受侵略和欺凌等暴力行为的骚扰。澳大利亚政府也号召社会全部力量，设置"一起站起来"的反欺凌反暴力国家行动日，

---

❶ 商雪敏. 澳大利亚校园欺凌预防和干预的对策及启示 [D]. 济宁：曲阜师范大学，2020：81 – 82.

❷ 马娇. 澳大利亚青少年校园欺凌现象及防治策略研究 [D]. 西安：陕西师范大学，2019：57.

让整个国家的公民都参与到反欺凌的行动中来，这一社会全员的行动是澳大利亚所有学校活动中规模最大的反暴力行动，活动主张"无论何时都要反对校园欺凌和校园暴力"，无论在校学生还是家长都可以利用此次行动日表明反对校园欺凌、暴力的坚决态度。努力设置各种有利于校园文化建设的包容性活动，与学校分享各种反暴力的成功，制定紧急措施，做出明确的抉择。

3. 家庭层面

澳大利亚的家长十分注重家庭教育，他们摒弃"唯智力、唯分数"这种过于狭隘、陈旧的教育观念，人人都树立了新时代的家庭教育观，开展超越知识和技能的心灵教育、人文教育，重视培养孩子健康的人格、爱心、责任心，力求孩子身心的全面发展。家长的暴力压制只会激发学生的逆反心理，往往恶性欺凌者的内心都或多或少受到其原生家庭的影响，不和谐友善的家庭环境极易造就学生冷漠极端的性格特点。家庭教育不只是基础教育，更是整个教育体系的主导者，能够带给孩子深入骨髓的影响，这是任何社会、学校都无法给予的。暴力惩罚不仅不能从根本上解决孩子的逆反心理，反而会使孩子将打骂行为内化，从而造成不可逆的负面影响。

（三）以全过程治理为手段，形成反欺凌链条

1. 校园欺凌前的科学预防

校园欺凌发生前的科学预防手段可以有效减少防治困难，澳大利亚反校园欺凌政策的预防通过认知与实践相结合，及时

遏制校园欺凌的萌芽。一方面，营造反校园欺凌的社会共识，从认知上预防校园欺凌。澳大利亚注重价值观教育，强调营造包容、相互尊重的社会环境。由于澳大利亚多元共生的社会文化，其校园欺凌的发生也在一定程度上源于文化的冲突。因此，注重培养学生包容与理解的价值观既是治理校园欺凌的有效手段，也是依据澳大利亚国情的根本选择。通过价值观教育提升学生对不同文化的理解、培养尊重他人的意识，进而减少对"异己者"的敌意，减少学生冲突，避免校园欺凌现象的发生。另一方面，澳大利亚学校制定反欺凌计划，从实践上预防校园欺凌。以昆士兰州立学校开设的"积极行为计划"为例，该计划具有科学性和实用性等特点，为学校学生的行为制定了严明的行为规范，同时也对校园欺凌的预防和干预提供了一定的理论和实践指导。"积极行为计划"在实施中对校园欺凌的预防和干预带来了显著的成效，该计划鼓励支持学生的积极行为，并且能够具体剖析学生在不同阶段出现的问题行为，根据问题行为的阶段和程度采取不同的预防和应对策略。❶

2. 校园欺凌后的及时应对

校园欺凌发生后的积极应对可以最大化降低校园欺凌危害程度，澳大利亚反校园欺凌政策的应对包含对欺凌者的惩治与对被欺凌者的支援，把握校园欺凌防治的最后一关。然而，校园欺凌后的应对不仅局限于此，更重要的是学校对待校园欺凌的态度和对校园欺凌事件的总结与反馈。一方面，学校传递出对校园欺凌零容忍的态度，所有的欺凌事件都得到学校的充分

---

❶　商雪敏. 澳大利亚校园欺凌预防和干预的对策及启示 [D]. 济宁：曲阜师范大学，2020：81–82.

关注。这既是对欺凌者的有效惩治，也是对被欺凌者的积极安慰。另一方面，学校对已发生的校园欺凌现象进行经验总结，并将其纳入新一轮反欺凌计划的制订当中。

（四）注重网络欺凌治理

澳大利亚在中小学校园欺凌防治政策中特别强调对网络欺凌的治理。首先，通过立法强调网络欺凌的危害性。网络欺凌和传统欺凌都会增加被欺凌者的抑郁程度，并且网络欺凌对青少年的危害不亚于传统欺凌。❶ 同时由于其手段的新兴性和隐蔽性，网络欺凌逐渐成为青少年成长过程中一种新的安全隐患。因此，国家立法特别强调对网络欺凌的治理，并在地方反欺凌政策中对网络欺凌治理提出要求。❷ 其次，注重社会对于网络欺凌防治的协同性。澳大利亚政府为校园欺凌事件专门建立相关的官方网站，其主题为"欺凌，不可存在！"（Bullying, No way!），网站为学生、家长以及其他人士提供信息咨询和服务，其中详细介绍了欺凌的内涵、类型、回应等6个条目。❸ 欺凌网站为澳大利亚所有学校的学生开通了注册功能，学生可以根据自己的实际情况注册登记，参与澳大利亚学校组织的"全国

❶ Bullying in school and cyberspace: Assoclatlons with depressive symptoms in Swiss and Australian adolescents [EB/OL]. (2000 – 04 – 28) [2020 – 08 – 02]. http://tsuhhelweb.tsu.edu.

❷ NSS, framework resource manual [EB/OL]. (2012 – 05 – 10) [2022 – 08 – 02]. http://www.deewr.gov.au/Schooling/National Safe Schools/documents/NSS Framework Resource Manual.pdf.

❸ Bullying, No way! Participating schools [EB/OL]. (2017 – 06 – 18) [2022 – 08 – 02]. https://bullyingnoway.gov.au/NationalDay/Pages/Participating – schools.aspx.

反欺凌和暴力行动日"的活动，为活动和计划贡献一分力量。最后，强调对遭受网络校园欺凌学生的援助工作。遭受校园欺凌的学生也可以通过网站上的帮助功能寻求一定的援助。● 从心理情绪、道德判断出发，让学生的价值观在内心本质上有实质性的改观，使其能够合理调节情绪，正确释放情绪。❷

四、澳大利亚中小学校园欺凌防治政策的成效与挑战

（一）澳大利亚校园欺凌防治政策的成效

第一，校园欺凌发生次数明显降低，社会对于校园欺凌和暴力事件的态度有所改善。学者们对澳大利亚的反校园欺凌项目的结果进行评估，如贝里（Berry）和洪特（Hunt）对"自信的孩子"（Confident Kids Program）这一项目的实施效果进行评估；克洛斯（Cross）等对"友好学校项目"（Friendly School Project）的实施效果进行测评。学者们分别从欺凌次数、学生抑郁及焦虑症状、社会支持、社会适应性等维度进行评估，研究结果表明澳大利亚校园欺凌次数减少、学生心理健康状况好转，说明干预行为在防止校园欺凌方面起到重大作用。❸

● 商雪敏. 澳大利亚校园欺凌预防和干预的对策及启示［D］. 济宁：曲阜师范大学，2020：81－82.

❷ Differences in friendship networks and experiences of cyberbullying among Korean and Australian adolescents［EB/OL］.（2017－03－30）［2022－08－02］. http：//tsuhhelweb. tsu. edu.

❸ 冯帮，何淑娟. 澳大利亚中小学反校园欺凌政策研究：基于《国家安全学校框架》解读［J］. 外国中小学教育，2017（11）：35－43.

第二，充分利用反欺凌资源，形成友好包容的校园氛围。根据澳大利亚教育局、电子安全专员办公室、澳大利亚儿童纵向研究、澳大利亚福祉项目等研究表明，反欺凌和网络欺凌防治政策的实施取得了成效。校园文化环境氛围改善、师生对校园欺凌和网络欺凌认知态度大幅转变、教师专业化培训逐渐普及、反欺凌课程内容更丰富、反欺凌资源利用率提升等。此外，在全球范围内审查学校欺凌干预措施有效性的元分析研究表明，澳大利亚在减少欺凌受害方面效果较为显著。❶

第三，全社会形成反欺凌共识，明确权责，参与校园欺凌防治。从防治策略和体例结构来看，各州、领地政府以联邦政府出台的政策作为宏观的理论指导，结合自身实际制定预防和应对网络欺凌的政策和开展相关反网络欺凌实践，都明确规定了政府、学校、家庭、社会的责任，强调全社会形成合力，共同预防和治理网络欺凌问题。❷

（二）澳大利亚校园欺凌防治政策的挑战

澳大利亚反校园欺凌政策在取得显著效果的同时，仍然存在一些问题与不足。第一，虽然反欺凌政策强调多元化的共同建设，但是某些环节仍然过于薄弱，如忽视了与家长的沟通与交流，导致多元衔接的过程中出现断层。第二，大多数欺凌事

❶ GAFFNEY H, FARRINGTON D P, TTOFI M M. Examining the effectiveness of school – bullying intervention programs globally: a Meta – analysis [J]. International Journal of Bullying Prevention, 2019 (1): 14 – 31.

❷ 张珊. 西班牙和澳大利亚中小学网络欺凌防治政策比较研究 [D]. 兰州: 西北师范大学, 2021: 63.

件中往往容易受到关注的是欺凌者，而忽视了对被欺凌者以及旁观者的关注，从而大大降低了对于防控校园欺凌事件的宣传力度。第三，对于校园欺凌的形式关注过于单一，在对师生以及校园其他工作人员的培训过程中也忽略了全方位的强调和重视。第四，处理的校园欺凌事件发生范围局限于校内，忽视了校外范围内的欺凌事件，校外范围也没有明确界限，对此，应当多加注意校园附近隐蔽处和事故多发处，加大安全管理整治力度。❶另外，调查显示，大多数教师都清楚地认识到他们需要更好更专业的培训来应对欺凌，特别是小学教师和教师职前培训阶段，为了弥补防治欺凌工作上的不足，教师迫切需要学校为其进行适当和专门的反欺凌培训和学习，同时，其他教学业务的压力也使得教师很难专注于欺凌工作。❷

---

❶ A review of anti – bullying practicesin victorian school ［EB/OL］. （2012 – 05 – 20）［2022 – 08 – 02］. http：//www. bounceback. com. au/projects/school – safety – project.

❷ 阮亚林. 英澳防治校园欺凌政策的比较研究 ［D］. 兰州：西北师范大学，2017：63.

第五章　加拿大中小学校园欺凌防治政策

据 2019 年 UNESCO 的《数字背后：终结校园暴力与欺凌》报告，全球约 1/3 的儿童正遭受校园暴力与欺凌❶，校园欺凌成为世界教育需要共同突破的难题。根据加拿大国内的相关调研，至少 1/3 的青少年报告称曾目睹或亲历过周围的同伴在欺凌他人。同时，89% 的教师认为，在公立学校，欺凌和暴力是严重的校园问题。❷ 对此，加拿大将每年的 2 月 24 日定为"国际反欺凌日"（International Day for Anti - bullying Awareness），反欺凌日的目的在于提醒中小学生不要欺负比自己弱小的同学，同时也不要害怕被比自己强大的同学欺负，要懂得求助和保护自己，一旦发现身边有校园欺凌行为，能够去帮助被欺凌者。除此之外，加拿大作为较早关注到校园欺凌危害性的国家之一，一直致力于通过完善校园欺凌防治政策降低校园欺凌事件的发生率，经过几十年的不懈探索，加拿大各地所出台的预防和处理学校安全问题的教育法规政策几乎覆盖学校生活的各个方面，形成有效的校园欺凌防御机制。

---

❶ UNESCO. Behind the numbers: Ending school violence and bullying [EB/OL]. (2020 - 05 - 09) [2022 - 09 - 01]. https://unesdoc. unesco. org/ark: /48223/pf0000366483.

❷ McGILL. About cyberbullying [EB/OL]. (2021 - 07 - 01) [2023 - 05 - 06]. https://www. mcgill. ca/definetheline/media - coverage/about - cyberbullying.

一、加拿大中小学校园欺凌防治政策的制定背景

（一）中小学校园欺凌现象频发

来自全球学校学生健康情况调查（Global School – based Student Health Survey，GSHS）和学龄儿童健康行为调查（Health Behavior in School – aged Children，HBSC）的证据表明，全球约30%参与调查的青少年报告称遭受过校园欺凌。在上述报告覆盖的35个国家或地区中，加拿大13岁年龄段的校园欺凌率排名第九。❶加拿大的校园欺凌类型较为复杂，主要包括身体欺凌、语言欺凌、社会欺凌、网络欺凌、种族欺凌、宗教欺凌、性欺凌、残障欺凌等，❷而这些校园欺凌现象多发生在因年龄、智力、经济地位、社会地位、宗教、民族血统、家庭环境、性取向、性别表达、种族、残疾或接受特殊教育等因素失衡的情况下。❸随着学生身心发展的逐步成熟，不同年级欺凌类型也有所不同，4~8年级学生面临的主要欺凌类型是社会和语言欺凌，高中阶段则普遍发生约会暴力和性欺凌。信息化社会的发展使得学生所持有的交流工具如电子邮件、即时信息、社交软

---

❶　黄莹. 应对校园欺凌的加拿大"校内尊重"计划［J］. 上海教育，2020（32）：58 –59.

❷　Canada's Healthy Relationships Hub. Types of bullying［EB/OL］.（2019 –07 – 01）［2022 –09 –01］. https：//www. prevnet. ca/bullying/types.

❸　陈海深，刘健智，刘新武. 加拿大反校园欺凌政策及其启示：以安大略省为例［J］. 教育学术月刊，2021（6）：46 –53.

件等成为欺凌的助攻，网络欺凌正在迅速扩大。[1] 2007 年，"儿童帮助电话"对 2474 名 13～15 岁的青少年进行的一项调查发现，70% 以上的受访者在网上受到过欺凌。受到网络欺凌的人中，有 94.28% 表示自己至少还受到一种其他类型的欺凌。[2] 诸多调查研究表明，青少年正在面临严峻的欺凌问题，且各种校园欺凌现象的发生率呈现逐渐上升的态势，已成为加拿大一项严重的社会问题。

（二）校园欺凌现象危害深远

校园欺凌作为一种最常见的校园暴力行为，对被欺凌者、欺凌者以及旁观者均会产生深刻的不良影响。首先，被欺凌的学生由于长期或短期遭受到身体或心理上的打击，可能会处于一种情绪低落、高压、低自尊的生活状态之中，进而影响其身体健康、学习状态、人际交往等，严重危害其身心发展。[3] 其次，对于欺凌者来说，欺凌行为除了会对其当下的状态产生不良影响之外，儿童早期的欺凌行为与成年后的反社会行为密切相关，如果其欺凌行为未被及时、有效地制止，欺凌者很有可能在将来产生更严重的犯罪行为，从而产生一系列不良的社会

---

❶ CASSIDY W，FAUCHER C，JACKSON M. Cyberbullying among youth：A comprehensive review of current international research and its implications and application to policy and practice ［J］. School Psychology International，2013 （34）：575 - 612.

❷ 陈海深，刘健智，刘新武. 加拿大反校园欺凌政策及其启示：以安大略省为例 ［J］. 教育学术月刊，2021 （6）：46 - 53.

❸ Canada's Healthy Relationships Hub. Dangers of bullying ［EB/OL］. （2019 - 07 - 01） ［2022 - 09 - 01］. https：//www. prevnet. ca/bullying/dangers.

后果，危害社会健康。❶ 最后，由于旁观者面临道德两难的困境且在校园欺凌发生后难以调节自身的心理状态，因而其较易产生内疚感和自卑感，最终影响整个校园的氛围与文化。因此，加拿大政府在 20 世纪 90 年代早期就开始收集相关数据并研究解决问题，各地方政府致力于通过出台相关的校园欺凌防治政策来改善基础教育的校园环境安全。

（三）安全、包容型校园环境建设导向

20 世纪 90 年代到 21 世纪，加拿大各地普遍对校园欺凌采取零容忍的态度，倾向于采用一些惩罚性的措施来处理校园中的欺凌现象。以安大略省为例，2000 年 4 月修订的《教育法》，增加了校长和教师可以责令学生停课、退学的情形，强调对欺凌行为采取惩罚性措施。然而，越来越多的研究表明，专门针对欺凌行为的惩罚性措施对于降低校园欺凌行为的发生率而言效果并不显著，而且惩罚性的措施对塑造行为几乎没有作用。❷随着零容忍的局限性得到广泛的承认，安大略省卫生部门提出"预防欺凌以促进安全学习环境"以及"重视多样性"的课程与教育战略，旨在为学生创设和谐温馨的校园环境的同时，以显隐性教育相结合的方式为其提供心理疏导与支持，进而塑造学生的行为。这标志着安大略省对"安全"的理解转向了更为

---

❶ SMITH J D, COUSINS J B, STEWART R. Antibullying interventions in schools: Ingredients of effective programs [J]. Canadian Journal of Education/Revue Canadienne De L'éducation, 2005, 28 (4): 739 -762.

❷ BAILEY J. From "zero tolerance" to "safe and accepting": Surveillance and e-quality in the evolution of Ontario education law and policy [J]. Education & Law Journal, 2017 (6): 147 –180.

有利的方向——防止欺凌发生和营造安全、可接受、包容的学校氛围,这也意味着安大略省开始理性地审视惩戒,在防治校园欺凌的过程中不仅关注校园欺凌发生率的降低,也有对学生本人的人文关怀。[1] 由此可见,加拿大对校园欺凌的防治经历了从惩戒性方式为主转向逐步建设安全、包容型校园环境的过程,而这种更具温和性的处理导向也必然以相关的政策为引领与载体,因此,通过正向行为支持引导学生逐步减少欺凌行为,这种观念上的转变也正是加拿大中小学校园欺凌防治政策逐步完善的重要推动力量。

二、加拿大中小学校园欺凌防治政策的具体内容

针对校园中存在的欺凌现象,加拿大虽然没有全国统一的教育立法,但是各省均根据自身的实际情况,出台了相关的预防和处理学校安全问题的教育政策法规,这些政策法规较为全面地覆盖了学校生活的各个方面,形成有效的校园欺凌防御机制。下面主要以安大略省、萨斯喀彻温省为例展开介绍。

(一)安大略省校园欺凌防治政策的具体内容

2004 年,安大略省教育部授权安全校园行动小组提出针对

---

[1]　陈海深,刘健智,刘新武. 加拿大反校园欺凌政策及其启示:以安大略省为例 [J]. 教育学术月刊, 2021 (6): 46–53.

解决全省学校安全问题的报告，安全校园行动小组于 2005 年 11 月提交《构建安全校园：欺凌预防行动计划》（*Shaping Safer Schools：A Bullying Prevention Action Plan*），时隔一年，安全校园行动小组在广泛咨询全省反馈意见的基础上再次提交《学校安全政策与实践：一项行动议程》（*Safe Schools Policy and Practice：An Agenda for Action*），并于 2008 年提出《塑造尊重的校园文化：促进安全健康的人际关系》（*Shaping a Culture of Respect in Our Schools：Promoting Safe and Healthy Relationships*），以此为学校、政府和社会各方更有效地应对校园欺凌问题提供更为具体的指导。

　　除此之外，安大略省在 2013 年 1 月出台《安全和接受学校欺凌预防与干预计划》，其目的主要在于帮助学校董事会完善欺凌预防与干预计划。❶ 安大略省众多与防治校园欺凌相关的政策法规，均有其出台的特定背景及侧重点，但是其所涉及的核心策略是一致的，比如通过明确"欺凌"的概念界定、多种途径增强反欺凌意识、明确各部门的职责所在、引进第三方机构追踪研究等来降低校园欺凌的发生率。正如安大略省教育部门官员斯蒂芬·莱切（Stephen Lecce）所表示的："欺凌尤其是欺凌残疾学生是应受谴责的，我们将制止欺凌，拯救生命，并提高关于尊重、团结和人的尊严的价值观，无论欺凌发生在何处——网络上、课堂中还是操场上。"❷

---

　　❶ 范丽娟. 加拿大安大略省"以董事会为主"防范校园欺凌行为的模式探究：《安全和接受学校欺凌预防与干预计划》解读［J］. 现代交际，2016（17）：202 - 203.

　　❷ 加拿大安大略省加强防范校园欺凌［EB/OL］.（2022 - 03 - 22）［2022 - 09 - 26］. http：//untec. shnu. edu. cn/9a/55/c26039a760405/page. htm.

1. 明确"欺凌"的概念界定

明确界定"欺凌"的概念是有效防治校园欺凌的起始环节，在加拿大安大略省的校园欺凌防治政策中，关于欺凌的定义也在随着社会生活的进步与复杂化不断调整。传统意义上的欺凌是指一种反复发生的、以大欺小或以多欺少的恶意侵害行为，可分为直接欺凌和间接欺凌，直接欺凌是对被欺凌者采取拳打脚踢等肢体暴力或勒索钱财等行为；间接欺凌指对被欺者进行排挤孤立等行为。❶ 安大略省颁布的《教育法》对校园欺凌的概念进行了明确的界定："欺凌指的是学生具有侵略性和典型性的重复行为，该行为是由学生主动实施的对另一个学生造成伤害、恐惧或痛苦，包括身体、心理、社会交往以及学业等方面的损害。除此之外，该行为发生在学生和个体之间存在真实或可感知的权力不平衡的情况下，如体型、年龄、力量、智力、经济地位、社会地位、宗教、民族、性别、家庭环境、性取向、种族、残疾等因素造成的不平等。"❷ 除上述关于欺凌的传统定义之外，随着互联网技术应用范围的不断扩展，安大略省在 2013 年出台的《安全和接受学校欺凌预防与干预计划》中，又增加了对"网络欺凌"的定义，网络欺凌（Cyber bullying）是指通过电子信息媒介对他人造成的有意的、重复的伤害，常见的发生渠道有电脑、手机、即时信息、电子邮件、网

❶ 范丽娟. 加拿大安大略省"以董事会为主"防范校园欺凌行为的模式探究：《安全和接受学校欺凌预防与干预计划》解读 [J]. 现代交际，2016（17）：202－203.

❷ Ontario Ministry of Education. Education Act, R. S. O. 1990, c. E. 2 [Z/OL]. (2021－08－17)[2022－09－01]. https：//www. on－tario. ca/laws/statute/90e02.

络聊天室、社交网络等。❶ 由此可见，随着社会生活的复杂化，关于欺凌的概念也是与时俱进的，只有根据社会生活的变化及时调整对欺凌的认识，才能够更好地识别校园生活中的欺凌行为，从而更有针对性地对其进行处理。

2. 多种途径普及反欺凌意识

通过广泛宣传营造出反欺凌的氛围，是学校成功实施各项欺凌防治政策的基础。校园欺凌问题处理不当会引发一系列不良社会后果，因此教育者不应将树立反欺凌意识局限为教育系统内部的事情，而应该以学校为主体，联合社会各界树立相应的反欺凌共识，从而更好地预防欺凌和对欺凌现象进行干预。安大略省提出，学校董事会要从不同层面（学生、家长、学校、社区、社会）对欺凌现象开展宣传教育，使人们深入了解欺凌，具体包括了解欺凌的定义、类型、因素、影响等。为促进学生建立健康的社会关系，安大略省开设了预防欺凌和提高反欺凌意识的课程，包括防止欺凌、公民发展、性格发展等内容，期望通过这样一系列课程帮助学生在理解公平、尊重不同文化发展的过程中，逐步养成与他人相处的技能，最终成为负责任的公民。同时，政府亦提供多种语言翻译的《家长手册》，发放到安大略省每个中小学生的家长手中，帮助家长和学生深入了解欺凌。❷

---

❶ 范丽娟. 加拿大安大略省"以董事会为主"防范校园欺凌行为的模式探究：《安全和接受学校欺凌预防与干预计划》解读 [J]. 现代交际，2016（17）：202 – 203.

❷ 范丽娟. 加拿大安大略省"以董事会为主"防范校园欺凌行为的模式探究：《安全和接受学校欺凌预防与干预计划》解读 [J]. 现代交际，2016（17）：202 – 203.

校园欺凌防治是一个多主体参与的过程，除了与校园欺凌事件直接相关的学生和学校工作人员，社区伙伴以及与学校相关联的运营商等对学校的影响也不可忽视，学校董事会需要为其提供适当的资源或出版物（要考虑到语言、民族文化和可读性），传达董事会关于预防和干预欺凌的政策和指导方针，使其明确自身责任。[1] 此外，安大略省也强调要营造积极的学校氛围，通过组织家校合作活动、设计并展出反欺凌海报、组织反欺凌演讲等多种形式增强学生及家长的反欺凌意识。[2] 由此可见，安大略省不仅为公民提供有针对性的欺凌防治措施，还期望通过外部环境的构建，在潜移默化中增强各责任主体的反欺凌意识。

3. 明确各部门的职责所在

有效防治校园欺凌，需要相关部门形成合力，安大略省各学校董事会的行为准则就明确规定了各方主体的责任，确保相关人员能够尽到各自的责任并相互配合，譬如蓝水区董事会将责任细分到董事会、校长、教师和学校职员、学生、家长，详见表1。

---

[1] 陈海深，刘健智，刘新武. 加拿大反校园欺凌政策及其启示：以安大略省为例 [J]. 教育学术月刊，2021（6）：46-53.

[2] Ministry of Education（Ontario）. Promoting a positive school climate：A Resource for Schools [EB/OL].（2016-01-18）[2022-08-29]. http：//www. edu. gov. on. ca/eng/parents/ResourceDocEng.

表1　安大略省蓝水区董事会关于校园欺凌的职责划分❶

部门/人员	职　责
董事会	做好顶层设计，制定校园欺凌防治的相关政策
学校管理层面	① 上传下达：对董事会成员提交的所有报告进行调查，并将调查结果传达给相关老师；定期与学校社区就校园欺凌预防和干预进行有意义的沟通。 ② 欺凌报告支持：要求所有员工报告一切欺凌事件；确保人们在举报欺凌时感到安全和自信。 ③ 欺凌预防和干预：引导树立并推广相尊重的学校文化；为欺凌预防和干预文化提供领导和支持；记录和跟踪欺凌事件，以确定发生频率；为欺凌预防和干预教育提供机会
学校工作人员层面	营造并保持学校的积极氛围；树立并推广相互尊重的学校文化；积极推动并参与学校的校园欺凌预防与干预计划；认真对待所有关于欺凌行为的指控，并及时、敏感地采取恰当的行动；积极监督、干预欺凌行为，并及时报告欺凌事件
家长层面	支持和维护学校的良好氛围；树立和推广相互尊重的学校文化；参与并支持学校欺凌预防与干预计划；与学校工作或管理人员沟通欺凌问题；积极劝阻和报告身边的任何欺凌事件
学生层面	支持并保持学校的积极氛围；树立并推广相互尊重的学校文化；在学校欺凌预防与干预计划的制定中发表意见；对自身的行为负责；积极劝阻和报告身边的任何欺凌事件

通过表1可以看出，安大略省蓝水区形成了包括董事会、学校、家长、学生在内的校园欺凌防治共同体，在这个共同体内，各个责任主体各司其职，从不同的角度出发采取相应的措施，旨在有效预防和处理校园欺凌事件。

---

❶ Bluewater District School Board. Code of conduct ［EB/OL］. （2018 – 10 – 29）［2022 – 09 – 10］. https：//www. bwdsb. on. ca/director/Procedures/AP_6822 – D.

4. 引入第三方评估机构

学校作为应对校园欺凌的最直接主体，其对校园欺凌的防治情况的了解往往会带有一定的主观色彩，而第三方评估机构具有中立性、专业性和市场化的特征，能有效克服政府和学校自我评价的局限，有效提高评价的客观性和公正性。❶安大略省政府就引入第三方机构——安全校园行动小组，促进了"官""办"与"评"的相对分离，对客观评估基础教育校园欺凌现状、科学发现存在的核心问题有很大的帮助。❷安全校园行动小组由加拿大网络安全学校成员、成瘾和心理健康中心（the Centre for Addition and Mental Health's Ontario Student Drug Use and Health Survey，OSDUHS）的研究人员以及部分大学相关学科的教授组成，该组织主要负责明确校园欺凌防治的重点领域，如"预防、渐进性惩处、社会和家长参与、安全校园法规的执行、停学或开除学生项目、教育培训和省级安全校园框架"，并根据上述重点领域制订相关的计划，为教育行政部门及学校处理校园欺凌事件提供思路和依据，有利于校园预防欺凌机制的高效运行。❸安全校园行动小组在提出校园预防欺凌的行动计划后，通过使用《校园预防欺凌评估工具》持续关注学校安全环境，比如，在 2009 年，安全校园行动小组就设计了主题为"公平、包容性的教育与校园欺凌"系列调查问卷，调

---

❶ 李文君. 教育管理引入第三方评价［J］. 教育与职业，2013（1）：68 – 70.

❷ Ontario Ministry of Education. Shaping a culture of respect in our schools：Promoting safe and healthy relationships［EB/OL］.（2015 – 12 – 14）［2022 – 09 – 26］. http：//www. edu. gov. on. ca/eng/safeschools/publications. html.

❸ Ontario Ministry of Education. Safe schools policy and practice：An agenda for action［EB/OL］.（2015 – 12 – 14）［2022 – 09 – 26］. http：//edu. gov. on. ca/eng/ssareview/report0626. html.

查教育局相关工作人员、校长、教职员工、学生家长和学生对校园安全环境的看法，深入地了解校园预防欺凌计划的实施效果，为后续校园欺凌防治工作提供了改进思路。综上，安全校园行动小组的一系列运作能够帮助政府和学校更加客观地评估校园欺凌防治的效果以及发现存在的问题，从而适时调整政策导向，取得更优的防治效果。

5. 从多角度切入防治校园欺凌

校园欺凌的防治不能只靠学校的努力，对此，安大略省在联合各方力量，明确各方职责预防校园欺凌现象的同时，出台了一系列的配套政策，这些配套政策能够有力地巩固学校方面的政策所取得的成果。比如，为了配合《构建安全校园：欺凌预防行动计划》的实施，安大略省先后出台、修订了包括《反种族主义和民族平等法案》《儿童暨家庭服务法案》《教育法》《安大略人权法案》《安大略学校行为准则》《警局与教育局草案》《安全学校法》《非暴力学校政策》《青少年犯罪法》等法律法规。❶ 安大略省从人权、民族平等、家庭服务、青少年犯罪等多个角度切入制定相关的政策，在巩固校园欺凌政策成果的同时，也能够使校园欺凌防治政策的效益达到最大化，最终的结果不仅是校园内的欺凌现象发生的概率有所降低，整个社会的制度发展也更加完善。

---

❶ 杨廷乾，接园，高文涛. 加拿大安大略省校园预防欺凌计划研究 [J]. 比较教育研究，2016，38（4）：62－65，77.

（二）萨斯喀彻温省校园欺凌防治政策的具体内容

为了应对日益严峻的校园欺凌现象，加拿大萨斯喀彻温省也做出了相关的努力，2019 年 11 月，萨斯喀彻温省教育部部长戈登·怀恩特与"尊重集团"联合创始人谢尔登·肯尼迪在里贾纳大学宣布启动"校内尊重"计划。实施"校内尊重"计划的目标有以下三点：第一，对整个教育系统的工作人员进行预防欺凌、虐待、骚扰和歧视的培训，为相关人员理解、预防和应对校园欺凌提供所需的技能和信息；第二，在校园内部营造安全、包容的学习环境，发展一种尊重性的整体文化；第三，赋予旁观者"加快步伐"的权力，发挥旁观者的力量减少校园欺凌现象的发生。❶ "校内尊重"计划有效应对校园欺凌的 8 个要素如表 2 所示。

表 2 "校内尊重"计划有效应对校园欺凌的要素

要素	具体内容
了解个体的权力动机	在应对校园欺凌时，应从权力动力学的角度认识到不同身份的个体所拥有的权力动机是不同的，也应当赋予每个个体获取权力的机会
正确理解责任和义务	支持和携手创建良好的校园文化是作为学生的义务，而责任不仅包括遵照一定的标准行动以避免给其他人带来危险，还包括对因侵权而承担的法律后果的认识

---

❶ 黄莹. 应对校园欺凌的加拿大"校内尊重"计划 [J]. 上海教育，2020 (32)：58 - 59.

要素	具体内容
赋予旁观者权力	校园欺凌现象日渐严重与旁观者的态度和行为密切相关，旁观者的某些不恰当行为会在一定程度上加剧校园欺凌的程度，相反，旁观者若能采取一些制止性的行为，便能够有效避免某些校园欺凌现象的发生。"校内尊重"计划的一个环节就是培训旁观者在目击或亲历欺凌现象时，能在不到 10 秒的时间内介入、制止欺凌行为
关注网络欺凌现象	随着互联网技术的快速发展，越来越多的中小学生开始进入网络世界，在接受网络世界带来的便利的同时，也面临网络世界带来的威胁。2018 年，数字智能研究报告显示：在 29 个国家及地区的 8～12 岁的被调查者中，56% 的人经历过网络欺凌、数字游戏成瘾、在线色情行为，因此，对网络校园欺凌的关注成为预防和处理校园欺凌的重要内容
防治欺凌、虐待、骚扰和歧视	通过有力且科学的措施来减少欺凌、虐待、骚扰和歧视行为和现象的发生
创建和维护安全的校园环境	全体师生携手创建安全的校园环境，维护和促进热情、关爱、尊重和安全的学习环境
改变领导者行为模式	领导者得以正确地认知校园欺凌行为，并根据不同的情形做出准确的判断
关注学生的情感发展	青少年的情感发展在教育中至关重要，在实施"校内尊重"计划的过程中，要充分考虑青少年的年龄特点和心理发展水平，培训相关人员在各种情境下，选择适当的方式去对待他们

综上所述，"校内尊重"计划从校园环境创设、校园欺凌干预、领导者模式、学生情感发展等多个方面对校园欺凌现象的防治提出了一定的要求，对于降低校园欺凌现象的发生有一定的指导作用。

（三）其他省的校园欺凌防治政策

除安大略省及萨斯喀彻温省之外，加拿大的其他地区也根据自身的实际情况出台了颇有特色的校园欺凌防治政策，如2012年2月，魁北克政府提出了第56号法案，指出学校有义务为每一位学生和教职工创造健康、安全的学习环境，制订反欺凌和反暴力计划，其中规定了学生、父母、学校教职工、校长、理事会及董事会和学生监察员的职责。其中提到，为预防和应对针对学生、教师或其他教职员工的各种形式的欺凌和暴力行为，校长及学校董事会应迅速成立反欺凌和反暴力小组，采取一系列有效的措施。❶ 较为可贵的是，魁北克政府不仅关注到了针对学生的校园欺凌行为，同时也关注到了针对教职工及其他相关群体的欺凌行为，这对于营造出健康、和谐的校园环境是非常有利的。除此之外，魁北克政府所制定的反欺凌和反暴力计划每年都需要进行审查和更新，从而适应校园欺凌行为的发展变化。

2004年，不列颠哥伦比亚省教育部制定并颁布了《安全性与关爱性的学校社区政策》（Safe and Caring School Communities Policy)，并于2017年对其进行修订。该《政策》指出，所有学生的受教育权不得受到歧视、欺凌、骚扰、恐吓和其他形式

---

❶ National Assembly. Bill 56: An act to prevent and deal with bullying and violence in schools [EB/OL]. (2020 – 05 – 20) [2022 – 09 – 26]. http: //www. assnat. qc. ca/ en/travaux – parlementaires/projets – loi/projet – loi – 56 – 39 – 2. html.

的侵害，教育工作者必须在班级、学校各个层面履行相应的职责，[1] 从而培养、发展学生在建立良好人际关系方面所需的社交和情感技能。[2] 不列颠哥伦比亚省的校园欺凌防治政策将校园欺凌的防治升华到了维护所有学生的受教育权层面，有助于推动融合性学校的建设。

综上所述，加拿大从国家到各省区都有相应的立法或政策来有效防治校园欺凌，各项政策均能够从多个角度出发为防治校园欺凌现象提出相应的措施，明确教育者、父母以及相关责任人的权利与责任。这种从宏观的社会法律政策到微观的职责要求与干预框架的体系构建，能够有效保障加拿大中小学生安全的学习环境构建和自我保护的诉求途径。[3]

三、加拿大中小学校园欺凌防治政策的基本特征

（一）政府部门高度重视校园欺凌的防治

政府部门对校园欺凌防治的重视程度会直接影响相关政策的实施效果。为确保执行效率，加拿大每一个教育局都建立了

---

❶　ESPELAGE D L, ROSE C A, POLANIN J R. Social - emotional learning program to reduce bullying, fighting, and victimization among middle school students with disabilities [J]. Remedial and Special Education, 2015, 36 (5)：299 - 311.

❷　ESPELAGE D L, ROSE C A, POLANIN J R. Social - emotional learning program to reduce bullying, fighting, and victimization among middle school students with disabilities [J]. Remedial and Special Education, 2015 (3)：1 - 13.

❸　黄珊, 余丽. 美国和加拿大融合教育校园欺凌的防御机制探析及启示 [J]. 中国特殊教育, 2021 (5)：3 - 12.

有关预防校园欺凌的法律法规；职业培训部门、学院和大学鼓励教育学院开设有关安全校园的教师职前培训；旅游和娱乐主管部门也使校园预防欺凌计划传达到各从业者和提供商；儿童和青少年服务机构、社会福利事业、健康和护理部门鼓励利益相关者积极参与到社区欺凌预防中等。❶ 相关法律法规的出台为政府与各部门之间的协作提供了可能，在提高执行效率、强化执行效果的同时，亦引起了公众对校园欺凌防治的广泛支持与高度重视。除此之外，资金的投入能够为校园欺凌现象的防治提供最有力的保障，加拿大政府为校园欺凌的防治投入了专用资金，以保证各项政策的良好运行，以安大略省为例，2007—2008 年，政府提供近 4370 万美元的专项资金用于校园欺凌预防计划的执行，其中包括 2300 万美元用于"开除学生或者长期被停课的学生"项目和 1050 万美元用于在学校雇用非专业人员（如青年工作者）。另外，安大略省政府正在采取行动，通过与社区组织建立伙伴关系来保护学生。❷ 安大略省政府投资支持的新举措包括：与"白丝带"（White Ribbon）合作，专为中学男孩订制计划或提供资源，以打击性剥削、暴力侵害妇女行为以及可能导致相关行为的态度（10 万加元）；与尊重集团公司（Respect Group Inc.）合作开发资源和工具，使教育工作者和学校工作人员能够识别、解决并应对欺凌、虐待、骚扰和歧视行为（9.08 万加元）；与安大略省土著教育咨询协会

---

❶ 杨廷乾，接园，高文涛. 加拿大安大略省校园预防欺凌计划研究［J］. 比较教育研究，2016，38（4）：62－65，77.

❷ 上海师范大学国际教师教育中心. 加拿大安大略省加强防范校园欺凌［EB/OL］.（2022－03－22）［2022－09－26］. http：//untec. shnu. edu. cn/9a/55/c26039a760405/page. htm.

（Ontario Native Education Counselling Association，ONECA）合作，为土著学生提供机会，将他们对防范欺凌相关的需求和担忧告知相关部门和学校董事会（5.99 万加元）等。❶ 由此可见，加拿大政府各部门高度重视校园欺凌的防治，并将体现在具体的行为支持之中。

（二）逐步发展反欺凌的校园文化

文化作为存在于特定的社会背景之下，能够对人们的行为选择和道德判断产生影响的思想体系，是人的活动及其成果在历史长河中自觉或不自觉地积淀或凝结的结果，并以自发的、内在的方式左右着人类的生存活动。❷ 除了通过一系列显性的校园欺凌防治措施来改善校园欺凌的现状，发展校园的反欺凌文化同样也是改善校园欺凌的内在力量。为了从根源上治理校园欺凌事件，让学校社区的所有成员都感到安全、舒适和被接受，加拿大安大略省致力于发展相互尊重、支持的校园文化，以促进积极行为的发生。学校在校园建设中着力塑造学校生活的各个方面，如政策、课程、实践等，包括张贴反欺凌海报、发表反欺凌演讲、公开反欺凌政策等以直接表明学校反对欺凌等不当行为的立场；为学生和工作人员提供学习不同历史、文化和观点的相关机会，使用反映学生群体多样性的课程材料等，

---

❶ Ontario Newsroom. Ontario strengthening protections against bullying and violence at school ［EB/OL］.（2022 – 03 – 22）［2022 – 09 – 26］. https：//news. ontario. ca/en/release/1001824/ontario – strengthening – protections – against – bullying – and – violence – at – school.

❷ 舒扬. 当代文化生成：一个多维视角的研究 ［J］. 开放时代，2007（5）：71 – 77.

促进师生和生生之间的相互理解；支持学生组织的反欺凌活动，同意学生建设同性恋联盟等，增强反欺凌意识；向家长、相关社区、运营商等提供专业反欺凌资源，扩大反欺凌范围。这些意识与行为组合成校园反欺凌的生态系统，发展成充满活力的反欺凌校园文化，也成为加拿大校园欺凌防治工作中的一大特色。

（三）形成以校园为主的反欺凌共同体

面对欺凌现象频发，加拿大政府的反欺凌政策逐渐从"零容忍"转变到"安全、可接受"，关注学生的成长状况，注重学校对学生的教育本职，重视学生人格和性格培养，让学生认识欺凌行为的不当，并提高学生反欺凌的意识和能力，从根源上去审视并试图解决欺凌问题。❶ 除发挥学校的教育功能之外，加拿大政府也注重加强学校、社区和家庭之间的联系，形成以校园为主的反欺凌共同体，在多方合作的过程中进行反欺凌教育和预防欺凌事件的发生。从学校层面来看，学校所开展的有关反欺凌的展示或者讨论，运用游戏、视频等反欺凌产品和资源，为学生提供戏剧角色扮演的机会，组织相关会议活动，都不同程度地涉及学校与家庭之间的联系、学校与社区之间的联系，甚至三方的密切配合。其中，最具特色的是类似"师徒制"的活动，通过成人指导学生或者高年级学生指导低年级学生的方式，使学生能够加快与社会的联系、加深对于人际关系

---

❶ 陈海深，刘健智，刘新武. 加拿大反校园欺凌政策及其启示：以安大略省为例［J］. 教育学术月刊，2021（6）：46－53.

的理解、提高解决欺凌问题的能力等。❶ 在与家长的合作方面，政府提供多种语言版本的防治欺凌手册，帮助家长和学生有效地辨识和制止欺凌，目前手册已被翻译为 22 种语言。教育部还通过儿童求助热线（Kids Help Phone）24 小时为学生及家长免费提供关于校园欺凌和其他相关问题的咨询。❷ 由此可见，在加拿大政府的引导下，加拿大已经形成一个以校园为主的反欺凌共同体，合力解决极具复杂性的校园欺凌问题。

（四）寻求专业力量与资源的介入

加拿大的校园欺凌防治能够顺利、高效实施，一个重要的原因就是专业力量和资源的介入。例如，加拿大设立有关欺凌预防的专门会议委员会，有助于确保会议内容和方向的正确性，提高学校、学生、社区等对于校园欺凌问题的重视；同时，加拿大也设立了一系列校园反欺凌机构，可为教师处理校园欺凌问题提供指导，为学生提供认识校园欺凌预防的平台。以安大略省政府所引入的安全校园行动小组为例，其就在一定程度上促进了"官""办"与"评"的相对分离，对客观地评估基础教育校园欺凌现状、更科学地发现存在的核心问题有很大程度的帮助。❸ 这些机构的建立是预防欺凌活动和项目的重要组成

---

❶ 孟佳妮. 加拿大校园欺凌预防项目述评：以国家预防犯罪中心项目为例 [J]. 世界教育信息，2018，31（18）：66－71.

❷ 杨廷乾，接园，高文涛. 加拿大安大略省校园预防欺凌计划研究 [J]. 比较教育研究，2016，38（4）：62－65，77.

❸ Ontario Ministry of Education. Safe schools policy and practice: An agenda for action [EB/OL]. (2015－12－14) [2022－09－26]. http：//edu. gov. on. ca/eng/ssareview/report0626. html.

部分。除此之外，加拿大校园欺凌预防项目重视开发和利用反欺凌工具和资源，通过使用这些工具和资源，切实了解校园欺凌的现状，并得到效果反馈，从而对这些工具和资源进行改进，开发出具有普适性的反欺凌资源。这些工具和资源具有一定的科学性，符合学生的身心发展特点，在保证其使用和传播范围的同时能够增强学生的兴趣。❶ 这也为加拿大防治校园欺凌工作提供了重要且专业的保障，大大提升了校园欺凌防治的效率。

（五）校园欺凌干预方式趋于科学化

相较于 20 世纪 90 年代末到 21 世纪初，加拿大对校园欺凌采取零容忍的态度并倾向于采用惩罚性的措施来应对，近年来，加拿大防治欺凌政策的制定与实践深受循证实践（Evidence Based Practice）思想的影响，越来越多的学校采用积极行为支持、社交情绪学习等循证策略。循证策略一方面借由同辈交流（peer mediation）、治疗圈（healing circles）和团体辅导（group counselling）❷ 等具有较强实践性与操作性的干预方案改变欺凌者的认知水平与社会能力，另一方面基于增能观点让被欺凌者发挥自身的潜能，增强他们在各方面的能力，尤其是处于弱势的残疾学生，若能掌握应对策略，处理好自身的情绪行为，就能够大大降低遭受欺凌的可能性，进而扭转欺凌者与被欺凌者之间力量不平衡的关系。相比单纯地进行惩罚的处理方式，基

---

❶ 孟佳妮. 加拿大校园欺凌预防项目述评：以国家预防犯罪中心项目为例 [J]. 世界教育信息，2018，31（18）：66－71.

❷ 杨廷乾，接园，高文涛. 加拿大安大略省校园预防欺凌计划研究 [J]. 比较教育研究，2016，38（4）：62－65，77.

于循证实践的各项处理策略更具科学性，能够更加有效地帮助学生认识到校园欺凌现象发生的根源，从而降低校园欺凌现象的发生率；同时，这一以科学实证为基础的干预方式有利于学生以良好的行为来替代欺凌行为，从而形成健康、和谐的校园文化环境。

四、加拿大中小学校园欺凌防治政策的成效与挑战

（一）加拿大中小学校园欺凌防治政策的成效

1. 有效降低校园欺凌的发生率

加拿大中小学校园欺凌防治政策成效的最直观体现就是有效降低了校园欺凌发生率。加拿大反欺凌问题研究者温迪·克雷格（Wendy Craig）等将 2002 年、2006 年和 2010 年的学龄儿童健康行为状况调查数据进行了汇总，结果显示，欺凌者比率从 2002 年的 15% 下降至 2010 年的 12%，呈现减少态势。❶ 与欺凌者比率相比，被欺凌学生比率并未呈现明显下降趋势，但欺凌者比例降低的情况可以说明，校园欺凌预防项目通过实施一系列活动对学生产生了潜移默化的影响，从而有效遏制了欺凌者数量的增加。但是，根据成瘾和心理健康中心（The Centre for Addiction and Mental Health's Ontario Student Drug Use and Health Survey，OSDUHS）的调查结果，自 2003 年以来，校园

---

❶ 孟佳妮. 加拿大校园欺凌预防项目述评：以国家预防犯罪中心项目为例 [J]. 世界教育信息，2018，31（18）：66 – 71.

欺凌的总受害者人数（7～12 年级）除 2011 年外一直呈下降趋势，其中从 2011 年开始下降更为显著。❶ 由此可见，加拿大中小学校园欺凌防治的效果在不同年级的成效可能存在差异。

2. 推动国家和地方反欺凌政策的完善

除了降低校园欺凌的发生率之外，加拿大中小学校园欺凌防治政策的成效还表现在对于国家和地方反欺凌政策和法案的推动。就反欺凌法律而言，许多省近年来开始陆续推出一些针对校园欺凌问题的法律法规或者修正案。另外，还有一些省和地区，如育空地区，虽然未颁布相关法律，但是也出台了相关的政策文件来解决校园欺凌问题。随着校园欺凌形式的增多，如网络欺凌的产生，2014 年，加拿大联邦政府将网络欺凌相关法规列入刑法。加拿大对于欺凌问题的重视程度进一步提高，其解决欺凌问题的方式越来越具有针对性和具体性。综上所述，加拿大校园欺凌预防项目基本实现了其所设定的目标，提高了学生对于反欺凌问题的认识，改善了学校氛围，降低了欺凌者的比率，同时也为具体法律和政策的出台奠定了一定的基础。❷

（二）加拿大中小学校园欺凌防治政策的挑战

1. 政策内容的可操作性有待加强

作为较早关注校园欺凌问题的国家之一，加拿大各省均出

---

❶ 陈海深，刘健智，刘新武. 加拿大反校园欺凌政策及其启示：以安大略省为例［J］. 教育学术月刊，2021（6）：46－53.

❷ 孟佳妮. 加拿大校园欺凌预防项目述评：以国家预防犯罪中心项目为例［J］. 世界教育信息，2018，31（18）：66－71.

台了相应的防治政策，这些政策较为全面地覆盖了中小学生校园生活的各个方面，有效降低了校园欺凌的发生率。但是，综观各个政策的内容可以发现，其中更多的是框架性的指导意见或者笼统性的处理方向，部分内容较为简单含糊、难见细节，对于不同类型的欺凌事件的处理程序并不明确，对欺凌者的矫治策略描述不够清晰，而这正是校园欺凌防治政策的核心内容，只有针对不同类型欺凌事件的处理程序明确之后，才能更好地指导实际工作，促使相关政策的具体、有效落实；除此之外，部分学校会直接挪用或简化所属董事会的政策，较少因地制宜增加相关条例，学校较少独立地开展相关的研究，导致政策的针对性不强。[1] 对此，学校应该根据地区和本校的实际情况，自上而下、有所侧重地完善相应的政策，使其更加贴合自身的实际情况；同时，学校也可以根据本校欺凌事件的现状，自下而上地开展相关的研究，建构自身的校园欺凌防治体系，促成校园欺凌防治工作的精细化。

2. 对网络欺凌的关注有待提升

互联网技术的发展日新月异，网络已经成为中小学学生学习与生活的重要场域，传统校园欺凌问题也逐渐向虚拟的网络空间延伸，2019 年，联合国儿童基金会发布消息称，全球 70.6% 的 15～24 岁年轻网民正面临网络暴力、欺凌和骚扰的威胁。[2] 联合国儿童基金会在《2017 年世界儿童状况：数字时代

---

[1] 陈海深，刘健智，刘新武. 加拿大反校园欺凌政策及其启示：以安大略省为例 [J]. 教育学术月刊，2021 (6)：46－53.

[2] 联合国儿基会：全球 70.6% 的 15 至 24 岁年轻网民正面临着网络暴力、欺凌和骚扰的威胁 [EB/OL]. (2019－02－11) [2022－09－26]. https：//www. scf. org. cn/csjjh/n3421/n5604/n5605/u1ai254696. html.

的儿童》报告中特别指出了网络欺凌给儿童带来的威胁："从前，受到欺凌的儿童可以通过回家和独处躲避这样的侵犯和骚扰，但如今，数字世界却没有为儿童提供这样的安全港。"❶ 由此可见，网络欺凌应该引起各国的关注。对此，加拿大校园欺凌防治的相关政策中也增加了对网络欺凌的描述，但是这种关注更多的是体现在对"校园欺凌"概念进行界定时，补充说明网络欺凌也是校园欺凌的一种类型，而专门针对网络欺凌的政策细节并不多，这必然影响对于网络欺凌事件处理的及时性和有效性。鉴于此，加拿大各省应进一步细化网络欺凌的具体类型，并明确每一类网络欺凌事件的具体处理方式与程序，以期更好地指导相关责任主体处理欺凌事件。

3. 校园欺凌的发现机制有待完善

校园欺凌的发生往往具有较强的隐蔽性，这也造成校园欺凌行为发现难的困境，而发现校园欺凌现象是处理校园欺凌事件的首要环节，因而有效治理校园欺凌的一个重点就是完善校园欺凌的发现机制。然而，加拿大大部分地区的校园欺凌防治政策，将更多的侧重点放在了校园欺凌事件的"防"与"治"中，忽略了有效治理校园欺凌的前提是及时识别一系列的欺凌事件。因此，加拿大各行政部门、学校等单位首先应当明确对校园欺凌行为的定义，并且在学校、家庭、社区等场域中进行普及，使利益相关者明确"哪些行为属于校园欺凌行为"以及如何识别校园欺凌行为，如安大略省就向父母提供了孩子可能

---

❶ UNICEF. Children in a digital world：The state of the world's children ［EB/OL］.（2017 – 12 – 01）［2022 – 08 – 30］. https：//www. unicef. org/publications/index_101992. html.

欺凌或被欺凌的一些表现，如"当孩子身上有伤或孩子身上有额外的钱财时，家长应该引起格外的关注"，这些行为能够有效帮助家长快速识别欺凌行为。[1] 其次，相关责任主体应当建立畅通的多元化校园欺凌线索报告和举报渠道，为校园欺凌的防治提供基础；再次，各项反欺凌法案要明确家长、学校教职工或其他负有保护学生职责的人对发现有校园欺凌行为的强制报告义务，督促相关者强化自身的"旁观者义务"，不做无动于衷的人；最后，各行政部门必须设置专门机构或人员负责受理欺凌行为的报告并及时做出回复，避免校园欺凌线索发现和报告机制流于形式。总之，只有建立起完善的校园欺凌发现机制，才能够使校园欺凌的防治成为现实，这不仅有助于形成校园欺凌防治的闭环模式，还能有效降低校园欺凌事件的发生率，营造出和谐、安全、健康的校园环境。

---

[1] Covernment of Ontario. Bullying – we can all help stop it［EB/OL］. (2022 – 03 – 22)［2022 – 09 – 26］. https：//www. ontario. ca/page/bullying – we – can – all – help – stop – it? _ga = 2. 222817432. 2084846814. 1580821906 – 28162259. 1580821906# section – 7.

第六章　印度中小学校园欺凌防治政策

在印度，校园欺凌的频繁发生与其复杂的社会背景密切相关。自 1947 年独立以来，印度政府就积极关注弱势群体的教育问题。虽然印度政府并未特定针对校园欺凌现象制定相关的法律法规，但由于弱势群体在学校中是易受欺凌的受害者，印度政府则从源头上制定相关政策来保障弱势群体的权益，从而有效减少欺凌现象。

一、印度中小学校园欺凌防治政策的制定背景

（一）复杂的国情致使种种问题频发

在众多发展中国家中，印度是一个多民族、多语言和多文化的国家。印度的国情十分复杂，不但形形色色的宗教影响着人民的精神文化生活，种姓制度的长期存在也深刻影响着印度社会的政治、经济、文化和教育等多个领域。英国比较教育学家埃德蒙·金（Edmund King）在选择印度作为比较教育研究的对象国时曾指出，"印度几乎被人类的所有难题所困扰：民生凋敝、人口过剩、愚昧落后、疫病流行、迷信泛滥"，因此

"印度不仅代表印度次大陆或亚洲的大部，而且代表了整个人类"。**❶** 在如此复杂独特的社会背景之下，印度教育不可避免地出现种种问题。

（二）传统的理念致使教育不平等现象严重

1947 年独立后，印度政府致力于普及初等教育、改革中等教育以及大力发展高等教育，各级各类教育发展迅速。然而，由于印度长期被"传统束缚"，受种姓制度、宗教、民族、语言等的影响，教育不平等现象在不同社会阶层以及性别和地域之间表现出极为明显的差异。印度的种姓制度使处于社会底层的弱势群体一直在遭受着社会各界的排斥、歧视和侵犯。印度的弱势群体主要包括贱民、部落民、其他落后阶级、残疾人、老年人、流浪儿童、毒品受害者以及地位较低的妇女等社会边缘人群。**❷** 除了不断面对贫穷、歧视、剥削、排挤和暴力等问题外，这些群体还频繁遭受校园欺凌现象的困扰。

（三）频发的校园欺凌给学生、学校及社会带来极大的危害

根据桑德兰（Sundaram）等 2012 年在印度南部实施的调查，在 14 ~ 18 岁的学生中，有 58.7% 的男生和 65.9% 的女生

---

❶　埃德蒙·金. 别国的学校和我们的学校：今日比较教育 [M]. 王承绪，邵珊，李克兴，等译. 北京：人民教育出版社，2001：429.

❷　杨洪. 社会公正与教育公平之争：印度政府弱势群体保留政策研究 [J]. 教育文化论坛，2017（1）：58-63.

认为他们的校园里存在欺凌现象。其中，在校园欺凌中学生作为"施暴者"或"受害者"的身份并不固定。❶ 有调查显示，贱民的孩子在教室里只能坐在最后，其时常因为一些小分歧挨揍，他们很少有人能上大学。❷ 而随着时代进步，印度欺凌事件并没有得到缓解，反而在不断增加，相关数据显示，2013—2015 年，印度欺凌事件增加 41%。❸ 在印度，大部分身处边缘地位的学生遭受校园欺凌时会面临沮丧、焦虑等负面情绪困扰，对学校心生恐惧，从而造成逃学、学习成绩下滑、自信心受挫、产生严重的心理问题等后果。与此同时，校园欺凌的直接参与者由于实施长期的暴力行为，很可能发展成一种极端的暴力、反社会的行为。校园欺凌事件对学校教育和社会都会带来严重的损害。

因此，自印度独立以来，为了减少欺凌现象的发生，缓解欺凌行为对受害学生、受害家庭及整个社会的伤害，印度政府颁布了诸多法案来保障弱势群体的权利，给予他们更多的教育机会，致力于促进群体间的均衡发展。

❶ 王琳琳. 印度：复杂国度的校园霸凌之痛［J］. 上海教育，2015（35）：38-41.

❷ OVERLAND M A. In India, Almost everyone wants to be special in the chronicle of higher education［EB/OL］.（2004-02-03）［2022-11-03］. https://www. chronicle. com/article/in-india-almost-everyone-wants-to-be-special/.

❸ 印度校园欺凌多可怕? 150 名医科学生被迫剃光头!［EB/OL］.（2019-08-21）［2022-12-01］. https://baijiahao. baidu. com/s? id = 1655020572002831304&wfr = spider&for = pc.

二、印度中小学校园欺凌防治政策的具体内容

校园欺凌现象已经引起世界各国的高度关注，印度也不例外。印度中小学校园欺凌主要表现为对弱势群体的肢体霸凌、言语霸凌、心理霸凌和网络霸凌。

（一）印度中小学校园欺凌的主要表现形式

中小学生正处在认知结构和心理素质发展的关键时期，他们在这一阶段的认知和情感发展尚未达到完善的程度。这不仅使得他们易受欺凌事件的影响，也在一定程度上导致印度的中小学校园成为欺凌现象频发的领域。校园欺凌在印度呈现多种形态，主要包括肢体欺凌、言语欺凌、心理欺凌和网络欺凌。

1. 肢体欺凌

肢体欺凌指的是欺凌者采用击打、推搡、吐口水、抢夺财物等外显的肢体动作对被欺凌者实施的欺凌行为。一项专门针对印度古吉拉特邦阿南德农村学校的校园欺凌发生率的研究显示，该地区农村学校的校园欺凌发生率高达70%。该研究选取12所农村学校的2182名学生作为调查对象，其中有406名学生为被欺凌者，其比例为18.6%。❶ 大部分被欺凌者都表明他们

---

❶ PATEL V, VARMA J, NIMBALKAR S, et al. Prevalence and profile of bullying involvement among students of rural schools of Anand, Gujarat, India [J]. Indian journal of psychological medicine, 2020, 42 (3): 268 –273.

曾遭受过来自其他学生的肢体欺凌，这些肢体欺凌行为包括
"被他人击打或者踢打""被他人用物品直接伤害身体""被他
人扇耳光""被他人推搡"等。与此同时，绝大多数受害者都
承认欺凌行为对他们的身体造成明显且严重的损害。更为重要
的是，部分学生还指出欺凌行为对其造成严重的心理问题，导
致他们产生抑郁、沮丧、焦虑等不良情绪。可以看出，肢体欺
凌不仅会对受害者的身体造成明显的伤害，还会对受害者的心
理造成一定的负面影响。

2. 言语欺凌

言语欺凌指的是欺凌者采用语言辱骂、口头威胁、传播谣
言等语言攻击方式对被欺凌者实施的欺凌行为。2015 年，联合
国儿童基金会（United Nations International Children's Emergency
Fund）对埃塞俄比亚、印度、秘鲁和越南的校园欺凌情况进行
实证调查和比较研究，并于 2016 年发布相关报告。该项调查按
照一定比例在四个国家共选取约 1.2 万名 6～15 岁的儿童作为
研究对象，并采用多种量表对学生情况进行测量。结果显示，
言语欺凌在四个国家都是较为常见的校园欺凌方式，该欺凌方
式出现的频率在四种常见的欺凌方式中位于第二位，仅次于肢
体欺凌。其中，印度学生遭受过各种类型的言语欺凌的比例为
26.5%，仅次于秘鲁。研究发现，16.9% 的印度学生表示曾
"被他人取外号或者遭受咒骂"，14.5% 的学生表示曾"由于各
种原因被他人恶意嘲笑"，15.5% 的学生表示曾"由于谣言而
让自己和朋友陷入困境"。❶ 可以看出，学生可能会遭受来自他

---

❶ UNICEF. Experiences of Peer Bullying among Adolescents and Associated Effects
on Young Adult Outcomes: Longitudinal Evidence from Ethiopia, India, Peru and Viet
Nam [EB/OL]. (2016 – 03 – 16) [2023 – 04 – 11]. https://www.unicef – irc.org/
publications/pdf/IDP_2016_03.pdf.

人的各种类型的言语欺凌，而且这种言语欺凌有时会与其他类型的欺凌方式同时出现。❶

3. 心理欺凌

心理欺凌指的是欺凌者采用孤立、排斥、恶意操纵人际关系等间接方式对被欺凌者实施的欺凌行为，其通常会对受害者的心理造成严重的伤害。2016 年，联合国儿童基金会发布的报告显示，28.1%的印度学生表示曾遭受过心理欺凌。与此同时，9%的印度学生表示曾"因为遭受他人的长期注视而感到不舒服"，14.9%的印度学生表示曾"受到他人的拒绝交谈或者不让别人和自己说话"，15.5%的印度学生表示曾"因他人的挑拨而让自己与朋友的关系不和"。❷ 与肢体欺凌和言语欺凌不一样的是，心理欺凌不仅会对被欺凌者的身体和心理造成不同程度的伤害，还可能会影响受害者的人际关系，进一步扰乱受害者的日常生活。

4. 网络欺凌

随着数字科技和网络技术的快速发展，网络欺凌逐渐成为全球校园欺凌中常见的一种欺凌形式。网络欺凌指的是欺凌者通过移动电话、短信、电子邮件、在线社交等网络技术对被欺凌者实施的欺凌行为。2012 年，微软公司针对全球网络欺凌现象进行调查，其选取 25 个国家和地区的共 7644 名 8 ~ 17 岁的

---

❶ 王琳琳. 印度：复杂国度的校园霸凌之痛 [J]. 上海教育，2015（35）：38 - 41.

❷ UNICEF. Experiences of Peer Bullying among Adolescents and Associated Effects on Young Adult Outcomes: Longitudinal Evidence from Ethiopia, India, Peru and Viet Nam [EB/OL]. (2016 - 03 - 16) [2023 - 04 - 11]. https://www. unicef - irc. org/publications/pdf/IDP_2016_03. pdf.

青少年作为研究对象。结果显示，40% 的受访者曾遭受网络欺凌，印度的网络欺凌发生率甚至高达 53%。❶ 其中，22% 的印度青少年表示曾"在网络中遭受过不良对待"，29% 的青少年表示曾"在网络中遭到歧视或取笑"，25% 的青少年表示曾"在网络中被赋予各种拙劣的外号"。❷ Comparitech 机构于 2018 年进行的一项研究显示，印度是全球受网络欺凌儿童比例最高的国家。该报告指出，2011—2018 年，印度家长对孩子遭受网络欺凌的投诉数量有所增加。❸ 可以看出，大部分的印度中小学生都可能会受到网络欺凌的影响，而部分父母也会积极关注孩子是否遭受网络欺凌。

（二）印度中小学校园欺凌相关政策的具体内容

1.《印度共和国宪法》

1949 年 11 月，印度制宪议会通过《印度共和国宪法》（Constitution of the Republic of India），并宣布于 1950 年 1 月 26 日（印度独立日）生效。宪法对联邦及其领土、公民资格及权利、国家政策及指导原则、联邦及各邦的立法、行政、司法机关的组织与职权等作了规定，还设专章规定了财政、财产、契

---

❶ BHAT C S, RAGAN M A, SELVARAJ P R, et al. Online Bullying among High-School Students in India [J]. International Journal for the Advancement of Counselling, 2017, 39 (2): 112-124.

❷ 王琳琳. 印度：复杂国度的校园霸凌之痛 [J]. 上海教育, 2015 (35): 38-41.

❸ 竺道. 印度是否也有《少年的你》式校园霸凌 [EB/OL]. (2019-11-10) [2022-12-01]. https://baijiahao.baidu.com/s? id = 1649762588488219569&wfr = spider&for = pc.

约与诉讼、贸易、商业、公务员、选举、少数民族、官方文字、紧急通告、宪法的修正等制度。

其中,《印度共和国宪法》第 15 条明确规定禁止宗教、种族、种姓、性别、出生地的歧视。❶ 在此基础上,第 46 条又规定,国家应特别注意增进弱小阶层的教育与经济利益,特别是"表列部落"和"表列种姓"的教育和经济利益,还应保护他们不受社会之不公待遇与一切形式之剥削。❷ 由此可知,《印度共和国宪法》明确从宪法的高度对弱势群体的学生进行保护,但是该法令并没有提出具体的指导方案和措施让政府各部门执行,所以其在实施过程中困难重重。

2.《1986 年国家教育政策》

20 世纪 70 年代以来,印度持续面临种姓制度、性别不平等、宗教冲突等问题,这使得印度社会变得极不稳定。80 年代,印度全国各地兴起了争取人权与公民权、妇女解放和环境保护等运动,这促使印度全国产生强烈的民主氛围。❸ 此时,印度的基础教育经历了重要转变。印度政府将教育重心从高等教育转向了基础教育,并将推动教育公平与教育均衡发展作为基础教育工作的核心内容。《1986 年国家教育政策》(National Policy on Education 1986)着重指出,应尤其重视那些长期遭受不平等待遇的边缘群体的需求,并及时解决教育不平等问题,

---

❶ India Ministry of Law and Justice. The Constitution of India [EB/OL]. [2022 – 09 – 13]. https: //india. gov. in/sites/upload_files/npi/files/coi_ part_full. pdf.

❷ India Ministry of Law and Justice. The Constitution of India [EB/OL]. [2022 – 09 – 13]. https: //india. gov. in/sites/upload_files/npi/files/coi_part_full. pdf.

❸ 马诺兰江·莫汉蒂, 刘建. 当前印度政治中的种姓、宗教和少数民族问题 [J]. 南亚研究, 1996 (Z2): 39 – 42.

从而实现教育平等。❶

《1986 年国家教育政策》强调了两个重点：一是要建立新型学校，并将新型学校作为贫穷和有才能的孩子的教育服务中心；二是要制定一项大规模且系统的非正规教育计划，以满足辍学儿童、无家可归或因工作无法上常规学校的儿童的需求。此外，政策还要求相关部门应采取一系列有效的策略来保障儿童的入学率。❷ 通过建立新型学校、提供非正规教育和确保儿童入学率，印度政府不仅可以为边缘儿童群体提供高质量的教育资源，实现教育机会平等，还可以为他们创造一个良好的学习环境，从而在一定程度上降低他们遭受校园欺凌的风险。❸

3. 《1992 年行动纲领》

拉奥政府出台的《1992 年行动纲领》（Programme of Action 1992），是对《1986 年国家教育政策》的修正，其明确提出人人有受教育的权利，同时对表列种姓、表列部落以及其他"落后阶层"的基础教育规划作出具体说明。

《1992 年行动纲领》提出，要为满足表列种姓聚居区和小村落的需要而开办的初级小学和高级小学提供政策优惠，在"八五"计划结束之前，要为每个表列部落聚居区修建一所小学。另外，该《纲领》还提出要在学校课程中增设贱民领袖安

---

❶ India Ministry of Education. National Policy on Education 1986 [EB/OL]. [2022 - 09 - 23]. http：//www. mhrd. gov. in/sites/upload_files/mhrd/files/document - reports/NPE86 - mod92. pdf.

❷ India Ministry of Education. National Policy on Education 1986 [EB/OL]. [2022 - 09 - 23]. http：//www. mhrd. gov. in/sites/upload_files/mhrd/files/document - reports/NPE86 - mod92. pdf.

❸ 王琳琳. 印度：复杂国度的校园霸凌之痛 [J]. 上海教育，2015（35）：38 - 41.

贝卡的哲学思想课程。❶ 前文提到，弱势群体的孩子在进入学校时有着较弱的自尊心和自信心，这使得他们更容易成为欺凌的主要对象。所以，为表列部落聚居区修建专门学校能为弱势群体的孩子提供一个单纯且安全的学习和生活环境。在课程中增加安贝卡的哲学思想也有助于学生端正其价值观，提升弱势群体学生的自尊心和自信心，从而改变其自身在学校以及社会中的地位。

4.《学校儿童安全与保障手册》

2021 年 9 月 8 日，印度国家儿童权利保护委员会（National Commission for Protection of Child Rights）发布《学校儿童安全与保障手册》（Manual on Safety and Security of Children in Schools），旨在整理印度所有关于学校儿童安全的政策文件，从而为学校的各项安全措施提供具体的规定和准则。该《手册》主要从学校安全的组成部分、学校安全的监测措施、学校的网络安全问题、儿童安全监测等方面进行阐释和说明。与此同时，为保证在校学生的身心健康，该《手册》对学校防治校园欺凌的措施作出以下具体规定：❷

（1）学校必须发布相关政策，明确作出"严禁任何学生在学校内实施欺凌行为，欺凌行为的参与者将会受到严重惩罚"的相关规定。

---

❶　India Department of Education. Programme of action 1992 ［EB/OL］. ［2022 - 09 - 23］. http：//mhrd. gov. in/sites/upload_files/mhrd/files/document - reports/POA_ 1992. pdf.

❷　National commission for protection of child rights. Manual on safety and security of children in schools ［EB/OL］. （2021 - 09 - 08）［2023 - 07 - 16］. https：//ncpcr. gov. in/uploads/165650391762bc3e6d27f93_Manual% 20on% 20Safety% 20and% 20Security %20of% 20Children% 20in% 20Schools% 20 （Sep% 202021）. pdf.

（2）学校必须为学生创造良好和积极的校园环境，确保学生可以和平相处。一方面，管理部门必须与学生和家长建立一种相互信任和尊重的关系，如学校应该采用保密的方式向家长报告与学生相关的任何事件。另一方面，为了及时识别欺凌事件的实施者、受害者和旁观者，学校必须建立严格的工作程序，并合理惩罚欺凌事件的实施者、及时安抚受害者以及向旁观者了解情况。

（3）学校应在校园内设置辅导员岗位，并要求辅导员与学生和平相处，及时了解学生的情感波动状况、聆听学生的倾诉以及正确安抚学生的情绪。

（4）学校必须积极开展相关宣传活动，增加教师、学生、家长等主体对校园欺凌危害的了解，并激励家长为预防校园欺凌做出努力。例如，提供与价值观、人权、性别意识、生活技能等主题相关的实践活动，促进学生形成积极的自尊意识和同理心，并培养学生形成良好的人际沟通、应对压力和情绪、应对愤怒、抵制同伴压力等技巧。

（5）学校必须建立分级系统以应对欺凌事件，在处理欺凌事件时遵循明确的程序，并规定学校相关管理者的责任和权力。

（6）学校应建立学生报告系统，允许学生报告校园欺凌的受害情况。例如，学校必须设置相应的投诉或建议信箱，并定期回复学生的信件。对于积极报告的学生，应采取相应激励措施对学生进行表扬，以期鼓励所有学生积极参与校园欺凌防治工作。

可以看出，该《手册》在学校预防和处理校园欺凌事件等方面作出了具体规定，这些规定将有助于降低儿童遭受校园欺凌的风险，有效保障在校儿童的基本权益。

5. 操作黑板计划

1980 年，印度教育家依莫尔（Elmore）首次提出"操作黑板计划"（Operation Blackboard Scheme），其旨在改善中小学教师的工作环境，确保普及初等教育的目标得以实现。《1992 年行动纲领》进一步强调了该计划的三个目标：第一，为每所初级小学提供基础设施，如黑板、地图等必需的学习设备；第二，确保每所初级小学的教师数量不少于 3 名，并不断增加教师数量；第三，确保每所学校至少拥有 3 间可以适用于任何天气的大教室，以保证教学计划的正常进行。❶ 该计划于 1987 年正式推行，印度中央政府为其累计投入 62 亿卢比，并且各邦政府投入了高达 98 亿卢比用于修建校舍。❷ 可以看出，该计划对改善学校的教学环境起到了积极作用，并为防治校园欺凌行为奠定了坚实的基础。

6. 营养午餐计划

1995 年 8 月 15 日，国家初等教育营养支持计划（National Programme of Nutritional Support to Primary Education），也称作营养午餐计划（Mid Day Meal Scheme），在印度正式推行。该计划旨在解决印度当时最严峻的儿童饥饿和受教育的问题，其主要强调两个目标：一是改善所有初等学校的学生的营养状况；二是鼓励贫困地区的儿童积极进入初等学校学习。❸ 其规定所有

---

❶ 安双宏. 印度教育战略研究 [M]. 杭州：浙江教育出版社，2013：64.

❷ HRUSHIKESH S. Study of polices for investment/inputon rural basic education in India [J]. International Research and Training Center for Rural Education, 2005, 15 (8)：79.

❸ SHARMA R. Mid Day Meal Scheme in India：The Road Ahead [J]. International Institute for Science, Technology & Education（IISTE），2015, 5（11）：61 - 70.

地方政府必须制定详细的实施步骤，并在两年内向全国普及该计划。2002 年，印度政府为学生的午餐供应制定详细的标准，规定所有公立初等学校每天至少应该为每位学生提供含 300 卡路里和 8 ~ 12 克蛋白质的午餐，每年至少有 200 天提供午餐。❶ 2006 年，印度政府将该标准提升至每天为学生提供包含 450 卡路里和 12 克蛋白质的午餐。截至 2006 年，印度全国各地积极推行该计划，并且获益最大的是贫困地区的弱势学生群体，其比例为总受益人口的 36. 53%。❷ 该计划无疑可以降低儿童的饥饿率，保证贫困儿童的受教育机会，提高了初等教育的入学率。与此同时，该计划在促进社会平等、打破种姓制度的束缚以及预防校园欺凌现象等方面也起到了积极的作用。

7. 资源资助计划

为了缓解弱势群体的经济压力，印度政府积极实施各种资源资助计划。一方面，公立学校实施面向弱势群体的免费义务教育政策，以确保他们能够顺利接受义务教育。除了享受免学费的政策外，这些学生还能获得免费的校服和日常服装。另一方面，政府还设立专门的奖助学金计划，为他们提供经济支持。例如，印度政府于 1971—1972 年实施农村天才奖学金计划，旨在鼓励 8 ~ 12 年级的农村学生努力学习。该计划为贫困学生提供了更多的受教育机会，为其深造之路提供经济保障，每年设立近 4 万个奖学金名额，其中超过 1 万个名额专门面向弱势群

---

❶ SAHAI C S. Mid – Day Meal Scheme：Achievements and Challenges ［J］. International Journal of Humanities and Social Science Invention，2014，3（10）：6 – 9.

❷ 朱艺丹. 发展中国家教育扶贫政策比较研究 ［D］. 西安：陕西师范大学，2018：31.

体，其比例为总数的 1/3 以上。❶

8. 《2013 年国家儿童政策》

《2013 年 国 家 儿 童 政 策》（National Policy for Children, 2013）是印度政府为保护儿童权益而制定的一项政策计划。该政策不仅涉及儿童的教育和健康领域，而且针对儿童免受各种形式的歧视、暴力和剥削作出具体规定。第一，国家需要通过采取各种特别措施来保护儿童免受歧视；第二，国家有责任通过立法、制定和颁布政策等积极措施，促进和维护所有儿童的权利，确保弱势群体儿童能够在公平且安全的环境中成长；第三，所有儿童应当享有平等的权利，任何儿童都不得因宗教、种族、种姓、性别、出生地、阶级、语言、残疾、社会经济地位等因素而受到歧视；第四，在日常的学习生活中，学校有责任和义务解决校园欺凌问题，保护儿童免受一切形式的伤害、虐待、忽视、暴力、虐待和剥削，从而为学生提供一个安全可靠的学习环境；第五，学校应该禁止进行任何暴力形式的体罚，并保护学生免受精神上的骚扰。❷ 该政策为各利益相关者提供了一个共同的目标与计划，不仅可以确保儿童在教育、生活等领域能享受基本的权利，而且有助于降低儿童遭受校园欺凌的风险。

---

❶ The India Post. The scheme of scholarship at secondary stage for talented children from rural areas［EB/OL］.（2011 – 03 – 14）［2022 – 08 – 23］. https：//www. theindiapost com/education/scholarships – for – children – from – rural – areas/.

❷ Ministry of women and child development. National Policy for Children, 2013［EB/OL］.（2013 – 04 – 16）［2023 – 07 – 17］. https：//wcd. nic. in/sites/default/files/npcenglish08072013_0_0. pdf.

9. 非正规教育计划

为满足弱势群体学生接受教育的基本需求，印度政府在第六个五年计划中首次提出非正规教育计划，并于1979—1980年正式推行。非正规教育指的是正规教育之外各种教育活动的总称，与正规教育相比，它并不属于一种教育体制。《1986年国家教育政策》对非正规教育计划进行了着重强调，其明确指出要为那些由于贫困、社会地位等因素而无法进入学校学习的弱势群体儿童提供受教育的机会。在印度，非正规教育计划的目标群体主要是9~14岁因各种原因无法入学的儿童。● 为确保这些学生的受教育机会，印度政府要求民办教育机构或农村的自治机构积极设立各种社区学习中心，并为那些无法正常入学的学生提供与正规学校相匹配的课程资源和基础设施。此外，印度政府还为这些学生提供各种类型的教育实践活动，如设立街头教育项目、开设职业技能培训班等。印度的非正规教育计划通过灵活的办学方式来为那些无法入学的弱势群体学生提供更多的入学机会，这有助于保障那些因校园欺凌而辍学的学生的受教育权利。

10. 穆斯林教育质量提升计划

为提升印度少数民族中穆斯林儿童的教育水平和教育质量，印度中央政府于2009年正式启动穆斯林教育质量提升计划（Scheme for Provide Quality Education in Madrasas），旨在通过相关培训提高教师的教学能力，提升数学、语言和社会科学等课程的质量，从而提高穆斯林学生的综合素质。此外，印度政府

● 惠巍. 印度的非正规教育 ［J］. 外国教育研究，1997（1）：33 –35.

还通过相应计划来改善穆斯林学校的教育条件，并设置奖助学金来为穆斯林学生提供经济援助，以促进穆斯林社区的教育发展。可以看出，该计划无疑有助于缓解民族歧视等现象，从而降低少数民族学生遭受校园欺凌的概率。

11.《免费义务教育权利法案》

《免费义务教育权利法案》[The Right of Children to Free and Compulsory Education（RTE）Act] 于2009年提出，在2010年4月1日正式生效。该《法案》第8条和第9条规定了政府和地方当局应该履行的恰当职责，目的是确保处境不利儿童❶和弱势儿童❷在追求学业和完成基础教育时不以任何理由被歧视和拒绝。为了保证地方政府和学校管理部门能有效地履行其职责，进而创建一个无歧视的学校环境，该《法案》第一次从微观的学校层面对欺凌行为作出了具体的规定。

（1）学校必须采取适当措施来保障处境不利儿童和弱势儿童的利益；采取预防和保护措施来消除对处境不利儿童和弱势儿童的歧视和欺凌骚扰；为处境不利儿童和弱势儿童提供平等的机会。

（2）学校禁止歧视处境不利儿童和弱势儿童，不允许和不宽恕任何歧视行为。首先，学校禁止取消处境不利儿童和弱势儿童的入学机会。比如，违反一些可能适用的入学保留政策、入学申请被拒绝、否定或限制获得由学校提供的任何录取入学利益、对与儿童入学相关的课程的具体标准或研究、训练及指

---

❶ 处境不利儿童即父母年收入少于10万卢比，并且在过去三年一直住在德里的儿童。

❷ 弱势儿童即属于表列种姓、表列部族及其他落后等级的儿童。有特殊需求和身患残疾的儿童也包括其中。

导的具体范围漠不关心。其次，学校禁止所有学生和教师骚扰、伤害处境不利儿童和弱势儿童。比如，口头直呼或用其他方式直呼学生社区、氏族或部落的名称；为班级特定种类的学生贴标签；对班级表现不佳的学生进行社会、经济或其他背景的贬义的点评；对此类学生分配特殊时间去见老师；课外活动或使用其他器械时对此类学生区别对待。再次，学校应该确保没有任何一位处境不利儿童和弱势儿童在操场、食堂以及其他学校设施，包括厕所、饮水间受到排斥。学校必须确保定期举行的活动不被任何决定所破坏和打扰；处境不利儿童和弱势儿童不能被强制消费购买物品；所有处境不利儿童和弱势儿童允许参加由学校举办的文化、体育及其他户外活动。

（3）学校应该规定特定的程序和设定应对机制来处理处境不利儿童和弱势儿童的投诉和不满，它是学校必须履行的义务的一部分，学校应在接收到投诉的 60 天之内解决问题。

（4）学校应该与社会的教育互助会、团体以及公众建立良好的合作关系，并且学校应该提高公众平等对待处境不利儿童和弱势儿童以及消除歧视和骚扰的意识。

（5）地方当局应该采取恰当措施来保证所有学校执行上述关于消除歧视处境不利儿童和弱势儿童的指导方针。❶

此《法案》在入学机会、外在表现等方面的规定减少了弱势儿童在学校受欺凌的机会，进一步保障了弱势儿童的权利。

---

❶ ISS. Implementing Clause 12 of the Right to Education Act 2009 in Udaipur District of Rajasthan, India: Letting Disadvantaged Children Down? [EB/OL]. (2012 - 11 - 01) [2022 - 08 - 22]. https://thesis. eur. nl/pub/13104/Bharat%20Kumar%20Nayak_Final%20RP%20Bharat%20Nayak%20PPM%20SB%201268_1518. pdf.

12.《免费义务教育权利法案：专项训练干预策略》

在《免费义务教育权利法案》的基础上，印度政府于 2013 年颁布《免费义务教育权利法案：专项训练干预策略》（RTE：Special Training Intervention Strategy），实施多种专项训练项目以弥补教育系统中的不平等。该《策略》针对专项训练的具体实施步骤进行详细设计与论证，以期确保所有适龄儿童都能接受教育，并为他们未来的成功奠定基础。与此同时，该《策略》要求在专项训练的课程内容、教学方式、教师招聘和考核等方面进行灵活安排，在实施专项训练项目的过程中要尤其注意考虑辍学儿童的特殊需求，要通过提供额外的受教育机会和学习资源来激发其对教育的兴趣。此外，印度政府在吸引和劝导辍学儿童重返学校方面制订了详细的计划。例如，在计划中特别强调要制定用于评估辍学儿童学习水平的指标体系（详见表 3）。可以看出，这些描述性指标无疑对提高因受欺凌而辍学的弱势群体儿童的学习水平以及帮助他们重新融入正常生活具有重要意义。❶

表 3　有关辍学儿童的描述性指标

指标	对指标的说明
观察和记录	汇报、讲述和绘画、阅读图画书，作画、绘制图表
讨论	听、说、表达观点，归纳别人的观点
表达	绘画、身体动作，创造性写作，雕刻
解释	推理，进行合乎逻辑的关联
辨析	分类、分组，对比和比较

❶　北京师范大学国际与比较教育研究院. 国际教育政策与发展趋势年度报告 2015 ［M］. 北京：北京师范大学出版社，2016：310 - 315.

指标	对指标的说明
质疑	批判地思考，提出问题
分析	预测，提出假设
实验	做准备，做实验
关注公正和公平	对弱势群体保持敏感，关注环境问题
合作	负责任地谈话，与他人分享并一起工作

资料来源：Department of School Education and Literacy, Ministry of Human Resource Development. Right of children to free and compulsory education act 2009: Interventional Strategies for Special Training [Z/OL]. [2002 - 09 - 03]. http://mhrd. gov. in.

13.《2015 年青少年司法（儿童照顾和保护）法案》

为了充分保障未成年儿童的权益，印度法律和司法部（Ministry of Law and Justice）于 2015 年正式通过《2015 年青少年（儿童照顾和保护）法案》[The Juvenile Justice (Care and Protection of Children) Act, 2015]。该《法案》不仅规定任何年龄在 18 岁以下的人都被视为未成年儿童，还将儿童犯罪行为与成年犯罪进行区分。这一举措的目的是确保在处理青少年犯罪行为事件时，可以采用更加人性化和合理的处理方法。该《法案》不仅确保对青少年犯罪分子进行法律制裁，还为他们提供接受教育、康复和重新融入社会的机会。与此同时，该《法案》规定将采用特殊的青少年司法程序对青少年犯罪案件进行审理，这充分表明印度社会对青少年犯罪的观念转变，并将关注点放在儿童犯罪的预防、儿童教育和儿童改造方面。因此，该《法案》设置了青少年司法委员会和儿童法庭，以确保青少年犯罪案件可以得到及时和专业的处理。此外，该《法案》还着重强调了未成年人权益的保护：所有儿童都应该得到

平等的对待，不能因任何理由歧视儿童；学校、家庭和社会都
有责任和义务为儿童提供一个安全的生活环境，以确保儿童不
会遭受任何形式的伤害；印度政府应该在每个地区设立一定数
量的儿童福利委员会，而儿童福利委员会则有义务对该地区需
要照顾的儿童进行保护，为他们解决基本的需求；任何人因任
何原因采用遗弃、虐待等暴力形式对儿童造成身体和心理上的
伤害，都会受到相应的惩罚。❶

　　总体而言，该《法案》是一项有助于保护青少年权益和促
进社会发展的重要立法。在该《法案》的基础上，弱势群体学
生的基本权益将会得到全面保障，面临校园欺凌的风险也将会
降低。而校园欺凌的实施者会受到相应处罚，但同时在重新融
入社会的过程中也会得到一定的帮助。

　　14. 反欺凌委员会、欺凌热线和欺凌箱

　　为了及时发现和解决校园欺凌问题，印度中央中等教育委
员会（Central Board of Secondary Education，CBSE）于 2015 年 3
月要求中小学设立反欺凌委员会（Anti - Bullying Committee），
以确保学生在校园内得到充分保护。❷ 反欺凌委员会由校长、
学校医生、辅导员、高级教师、家长教师协会代表、学校管理
代表、法律代表、同伴教育者等成员组成，负责制订和修订校
园欺凌防治计划。反欺凌委员会的职责主要涵盖以下方面：制

　　❶ National Commission for Protection of Child Rights. The Juvenile Justice（Care
and Protection of Children）Act, 2015 [EB/OL]. （2022 - 06 - 29）[2023 - 07 -
18]. https：//ncpcr. gov. in/uploads/165648725462bbfd563fdbb _ The% 20Juvenile%
20Justice% 20（Care% 20and% 20Protection% 20of% 20Children）% 20Act% 202015,
Rules,%202016%20（Hindi%20&%20English）. pdf.
　　❷ 王琳琳. 印度：复杂国度的校园霸凌之痛 [J]. 上海教育, 2015（35）：
38 - 41.

定、修订和实施校园欺凌防治计划；为学校教职员工、学生和家长制订培训计划，并通过开展各种培训项目和活动来提高他们对校园欺凌问题的理解和解决校园欺凌事件的能力；密切注意校园欺凌事件的发展动态，并及时采取相应措施。❶ 与此同时，部分学校已经开通"欺凌热线"和设置"欺凌箱"，这可以为受欺凌者提供安全的环境来揭露他人的欺凌行为。可以看出，以上措施旨在创建一个无欺凌现象的校园环境，全面保障每位学生的基本权益。

15. 儿童综合保护计划

为充分保障儿童的权益和福祉，印度妇女和儿童发展部（Ministry of Women and Child Development，MWCD）于 2009 年制订和实施了儿童综合保护计划（Integrated Child Protection Scheme，ICPS）。作为印度重要的儿童保护计划之一，该计划旨在建立一个综合的儿童保护体系，以确保所有儿童在安全、健康和有尊严的环境中成长。❷

该计划的措施主要涵盖如下方面：首先，通过促进多个组织机构相互合作，为所有儿童建立综合的保护系统，以确保儿童不受任何形式的欺负、虐待、歧视、剥削、遗弃等。该计划致力于促进印度政府部门、非政府组织、地方社区、学术界和家庭之间的合作，加强利益相关者之间的资源共享，为儿童提

---

❶ National Commission for Protection of Child Rights. Manual on safety and security of children in schools [EB/OL]. (2021 – 09 – 08) [2023 – 05 – 16]. https://ncpcr. gov. in/uploads/165650391762bc3e6d27f93_Manual% 20on% 20Safety% 20and% 20Security %20of%20Children%20in%20Schools%20（Sep%202021）. pdf.

❷ Ministry of Women and Child Development. The Revised Integrated Child Protection Scheme（ICPS）[EB/OL]. (2009 – 10 – 01) [2023 – 05 – 18]. http://cara. nic. in/PDF/revised%20ICPS%20scheme. pdf.

供全方位的保护和支持。其中，政府部门的主要职责是向该计划提供资金支持和技术指导，负责监测和推动儿童保护项目的实施；非政府组织向公众宣传该计划的意义，并负责提供有利于儿童发展的服务。❶ 其次，致力于建立专门的儿童保护机构，进一步完善法律框架体系。例如，该计划倡导建立儿童保护委员会，以负责监督和协调儿童保护工作的开展，从而提高项目的实施效率。最后，开展多项培训活动，提升相关工作人员的专业能力，从而保证儿童保护项目的质量。

　　基于"保护儿童权益"的原则，该计划特别关注那些处于弱势地位和不利处境的儿童，不仅涉及儿童的收养、失踪、拐卖等方面，还尤其关注弱势群体儿童受虐待、歧视等方面的问题。同时，该计划提供了一系列的保护和支持服务，全面保障儿童的生存权、发展权、参与权等权利。为帮助儿童有效应对心理创伤，该计划专门提供儿童心理咨询服务，从而为那些因经历虐待、歧视或其他创伤性事件的儿童提供心理辅导。此外，该计划还设立儿童求助热线，以确保儿童在面临紧急情况时可以通过求助热线向专业人员寻求帮助和支持。❷ 显然，儿童综合保护计划无疑在保障儿童基本权益方面具有积极的意义。其不仅为那些弱势群体学生提供了全面的保护和支持服务，确保他们可以实现全面发展，而且有助于降低弱势群体学生遭受校园欺凌的风险。

---

　　❶　易谨. 印度儿童保护综合项目探讨及对我国的启示［J］. 青年探索，2013（5）：44 – 50.

　　❷　Ministry of Women and Child Development. The Revised Integrated Child Protection Scheme（ICPS）［EB/OL］.（2009 – 10 – 01）［2023 – 05 – 18］. http：//cara. nic. in/PDF/revised%20ICPS%20scheme. pdf.

综上可知，印度政府持续注重保障弱势群体的各方面权益，既从宏观政策层面保障弱势儿童的受教育权，又从微观层面关注弱势群体的生存状况，这些计划的实施有效降低了弱势儿童在校受欺凌的概率，为营造良好的社会环境做出了贡献。

三、印度中小学校园欺凌防治政策的基本特征

托马斯·R. 戴伊（Thomas R. Dye）就如何系统分析一项政策而提出"政策过程模型"，该模型将政策的制定过程划分为识别和确定问题、设置议程、形成政策、政策合法化、实施政策等阶段。依据该模型，印度中小学校园欺凌防治政策的基本特征可以归纳为以下几个方面。

（一）在政策取向上，秉持"以儿童为中心"和"教育补偿"等理念

政策的起点在于问题的识别，而政策的制定则是旨在解决问题。在"政策过程模型"中，识别和确定某一特定问题并将其提上政策议程是政策制定的关键环节。问题的确定体现了政府与社会的认知倾向，因此政策取向应与之相呼应。❶ 印度的中小学校园欺凌防治政策之所以能够确立"弱势补偿"取向，与其社会中的"以儿童为中心"和"教育补偿"等社会理念密

---

❶ 杨旻旻，连进军. 印度改善弱势群体基础教育运动及问题：以 20 世纪 80 年代中期以后为中心［J］. 外国教育研究，2013（8）：27－36.

切相关。印度政府通过颁布各项教育政策来充分保障儿童的受教育机会，以期对处境不利的儿童进行教育补偿。例如，《免费义务教育权利法案：专项训练干预策略》要求所有的公立和私立学校必须将25%的入学名额分配给弱势群体儿童。[1] 此外，印度政府还通过颁布各项儿童法案来充分保障儿童的基本权益。显然，印度政府颁布的儿童法案无不秉持"以儿童为中心"的原则。"以儿童为中心"和"教育补偿"的理念映射在印度中小学校园欺凌防治政策的制定过程中，将有效降低校园欺凌发生的概率。

（二）在政策形成上，强调顶层设计的全局性与科学性

毫无疑问，顶层设计对政策的有效性起着关键作用。印度在制定中小学校园欺凌政策的过程中，尤其强调顶层设计的全局性和科学性。首先，在政策的形成过程中，印度中央政府发挥着重要作用，并于1995年正式启动营养午餐计划后，印度各邦逐渐提高对中小学的资助力度。其次，印度中央政府通过宪法及国家层面的教育政策来体现对弱势群体的关注。除了宪法明确体现对弱势群体教育的倾斜态度，《1986年国家教育政策》和《1992年行动纲领》也奠定了校园欺凌防治政策的基调。再次，印度中央政府注重政策制定的民主性和政策发布的合法性。为了确保政策的科学性，任何一项校园欺凌防治政策都会经过民众和社会团体的广泛参与，而后经过利益集团、政党、总统/

---

[1]　中国教育报. 印度教育公平政策遭遇私立学校软抵制［EB/OL］.（2011 - 08 - 02）［2022 - 09 - 13］. https：//www.chinanews.com.cn/edu/2011/08 - 02/3227778.shtml.

总理以及国会审批表决等程序。❶ 最后，印度中央政府无不以"理性主义"作为中小学校园欺凌防治政策的指导思想。可以看出，印度所有的校园欺凌防治政策都是在追求"社会效益最大化"。例如，印度政府通过实施"操作黑板计划"来有效改善儿童的受教育环境，从社会整体的角度对计划的可行性进行考量。

（三）在政策内容上，坚持核心理念的稳定与创新

作为一种政策制定和实施的理念，政策渐进主义认为政策的变革应该基于社会的需要和反馈，并在实践中逐渐对政策的框架与内容进行调整、改进和创新。这一观点在印度中小学校园欺凌防治政策发展过程中得到了很好的印证，政策内容的核心理念保持了稳定性和延续性。在国家政策方面，从建国后的《印度共和国宪法》、2006 年通过的《印度宪法第 93 次修正案》，到 2010 年正式生效的《免费义务教育权利法案》，再到《2020 年国家教育政策》，印度政府一直坚持为弱势群体提供教育补偿的核心理念。此外，教育政策的内容和目标人群都在逐步拓展，这充分体现了印度中小学校园欺凌防治政策的核心理念的稳定与创新。

（四）在政策执行上，发挥专项计划和民间社会组织的重要功效

在中小学校园欺凌防治政策的执行过程中，印度政府尤其

---

❶ 杨旻旻，连进军. 印度改善弱势群体基础教育运动及问题：以 20 世纪 80 年代中期以后为中心 [J]. 外国教育研究，2013（8）：27 - 36.

注重发挥专项计划和民间社会组织的作用。一方面，印度政府针对弱势群体设立了多项专项计划。在教育方面，印度政府实施了营养午餐计划、操作黑板计划、资源资助计划、非正规教育计划、穆斯林教育质量提升计划、部落区域教育特殊发展计划、表列种姓半文盲特殊教育发展计划等教育专项计划。❶ 在儿童保护方面，印度政府实施了儿童综合保护计划、国家儿童行动计划（National Plan of Action for Children）等项目。另一方面，印度政府呼吁民间社会组织要积极加入专项计划和国家政策的实施过程。例如，印度的非政府组织迪帕克组织（Deepak Foundation）积极参与儿童健康成长项目，其不仅为儿童设置专门的看护中心，还为儿童提供相应的教育服务。❷ 此外，儿童综合保护计划也积极呼吁民间社会组织加入，并对民间社会组织的职责作出如下规定：志愿部门主要为有需要的儿童提供检测、咨询、护理和康复等有利于儿童成长的服务；研究和培训机构主要对印度儿童的现状进行研究，并开展专业人员的能力建设；社会媒体和宣传组织主要负责引导儿童保护问题的话语导向，以促进社会公众对儿童保护问题的关注；企业部门需要遵守有关儿童保护的法律，可以通过投入资金等方式为改善儿童现状做出贡献。❸ 显然，民间社会组织通过开展各种活动和项目，为校园欺凌防治政策的实施提供了重要的支持。

---

❶ 杨洪. 印度弱势群体：教育与政策 ［M］. 北京：人民出版社，2011：133－146.

❷ Deepak Foundation. The Healing Touch ［R］. Baroda：Deepak Foundation，2007：21.

❸ Ministry of Women and Child Development. The Revised Integrated Child Protection Scheme（ICPS）［EB/OL］.（2009－10－01）［2023－07－18］. http：//cara. nic. in/PDF/revised%20ICPS%20scheme. pdf.

四、印度中小学校园欺凌防治政策的成效与挑战

通过对印度中小学校园欺凌的政策的梳理，我们可以发现，通过政府的努力，印度的校园欺凌现象有所好转。上述内容表明校园欺凌的受害者大多是印度的弱势群体，而且欺凌现象的好转体现在印度的弱势群体的教育方面，比如其教育基本设施的改善、弱势群体学生入学比例的上升等。但是，校园欺凌现象仍屡禁不止，在治理校园欺凌方面的措施还不够完善。

（一）成效显著

1. 防治校园欺凌政策的有效实施致使教育经费投入逐步增长

随着一系列教育计划的实施，印度在 1980 年之后的教育支出实现稳步增长（详见表4）。[1] 1990 年之后，随着印度的经济实现自由化发展，印度中央财政在国家财政支出中所占比例逐年降低，中央政府的教育支出在国家教育总支出中的比例却逐年增加，其比例近年来基本保持在 25% 左右。[2] 2010—2011 年度，印度政府各部门共投入约 27214 亿卢比用于开展教育，其比例为公共支出的 14.16%。其中，约 50% 的教育经费投入公

[1] 杨旻旻，连进军. 印度改善弱势群体基础教育运动及问题：以 20 世纪 80 年代中期以后为中心 [J]. 外国教育研究，2013（8）：27 – 36.
[2] India Ministry of Education. Analysis of Budgeted Expenditure on Education 2008 – 09 to 2010 – 11 [R]. New Delhi：MHRD，2012：19 – 25.

立初等教育，30%的教育经费投入公立中等教育。❶ 数据显示，印度有约10%的小学和30%以上的中学是私立学校，它们并不接受政府资助。❷

表4　20世纪80年代中期以后印度政府教育支出增长表

年度	教育部门教育支出（千万卢比）	教育部门和其他公共部门教育支出（千万卢比）	教育部门和其他部门支出占公共支出的比例（%）	教育部门和其他部门支出占GDP的比例（%）
1987—1988	10 430. 19	11 798. 35	12. 75	3. 73
1992—1993	20 952. 97	25 030. 30	13. 15	3. 72
2000—2001	62 498. 09	82 486. 48	14. 42	4. 28
2008—2009	154 409. 85	186 498. 58	13. 63	3. 78
2009—2010	198 910. 91	242 504. 82	13. 59	3. 98

资料来源：本表根据印度人力资源发展部官方网站（http：//mhrd. gov. in/statistics data）公布的数据整理而成。

2. 弱势群体学生入学率、性别平等指数不断增加

自印度独立以来，政府通过不断颁布政策来提高弱势群体的地位。经过五六十年的发展，印度的学校数量、学生人数、女性教师数量以及教师总量都得到了显著增加。其中，表列种姓和表列部落的学生数量增长最为迅速。2010—2011年度，表列种姓和表列部落的小学阶段的毛入学率约为120%，中学阶

---

❶　杨旻旻，连进军. 印度改善弱势群体基础教育运动及问题：以20世纪80年代中期以后为中心［J］. 外国教育研究，2013（8）：27 - 36.

❷　India Ministry of Education. Analysis of Budgeted Expenditure on Education 2008 - 09 to 2010 - 11［R］. New Delhi：MHRD，2012：26 - 27.

段的毛入学率分别达到 54.9%（超过平均入学率 52.1%）和 41.5%。❶ 而小学阶段性别平等指数则是从 1986—1987 年度的 0.6 左右，上升到 2005—2006 年度的 0.99，这表明小学阶段的男女入学率已到达平衡。❷ 与此同时，女生的受教育质量也有了明显改善。英国国际发展部于 2007 年对印度学生学习成果的调查结果显示，小学五年级的男生和女生在阅读、数学以及环境科学上的课程成绩并无明显差别。而印度政府于 2008 年公布的报告显示，在同年级的比较中，五年级女生的成绩比男生高 0.15%，八年级女生则比男生高 1.01%。❸

由此可以看出，小学阶段和中学阶段毛入学率的上升、小学阶段性别平等指数的提高以及女童教育质量的提升都在一定程度上反映着弱势群体地位的提高，印度在逐渐实现教育公平，减少了校园欺凌的发生率。

3. 防治校园欺凌的主体逐渐多元化

为构建"有声有色的大国"，保证以最大限度遏制校园欺凌，印度政府充分利用其政治和制度方面的优势。在实施中小学校园欺凌防治政策的过程中，印度中央政府呼吁全社会共同参与，致力于强化民间社会组织和社会公众的作用。与其他发展中国家相比，印度拥有众多的民间社会组织，这些组织广泛分布于印度各邦。自 1980 年以后，民间社会组织发展十分迅

❶ India Ministry of Education. Statistics of School Education 2010–2011 [Z]. New Delhi: MHRD, 2012: 53–62.

❷ India Ministry of Education. Educational Statistics At A Glance 2005–2006 [R]. New Delhi: MHRD, 2008: 15.

❸ MEHTA A C. Elementary Education in India, analytical report 2008–2009: Progress towards UEE [EB/OL]. [2022–09–13]. http://www.dise.in/Downloads/Publications/Publications%202008–09/AR%202008–09/Introduction.pdf.

速，其在缓和社会矛盾、维护社会安定团结以及推动社会经济、文化、教育等各方面的稳步发展的过程中发挥着重要作用。此外，印度的中小学积极设立反欺凌委员会、"欺凌箱"等，这些措施在遏制校园欺凌的过程中发挥着巨大的作用。

（二）挑战依存

多年来，印度将改善弱势群体教育放在重要地位，并为此作出很多努力，采取了多种措施促进教育均衡发展，降低社会欺凌、校园欺凌的发生概率。但是由于印度自身社会背景的复杂性，印度政府的各种举措大打折扣。

1. 缺少专门的法律法规

尽管印度已经实施相应政策来保护学生免受校园欺凌的伤害，但其尚未制定专门针对中小学校园欺凌问题的法律法规。如前所述，印度针对教育补偿和儿童权益保障等方面制定和颁布了相关法律，旨在减少校园欺凌事件的发生。但对于中小学校园欺凌问题而言，专门的法律法规至关重要。通过制定专门的法律框架，可以明确界定校园欺凌的定义和特征，并规定受害者的权益及其保护措施。专门的法律法规不仅能为学校的校园欺凌防治工作提供明确的指导，还可以促进社会更广泛地参与和合作。因此，印度政府需要针对该问题积极推进立法进程，制定专门的法律以应对中小学校园欺凌现象。

2. 弱势群体问题敏感、尖锐

由于受到种姓制度、男权主义等社会传统观念的影响，印度社会一直存在对弱势群体的歧视现象。在教育方面对弱势群体进行补偿，实质上是一种重新调整利益的方式。在这一过程中，必然会触及不同种姓或宗教的既得利益，因而会遇到各种各样的阻力。2011 年，印度阿萨姆邦 77 名穆斯林被杀，40 万人被迫移民。❶ 因种姓制度引发的社会冲突愈演愈烈，女性问题也尤为严重，对女性的歧视现象依旧存在。此外，贫富差距的扩大进一步加剧了社会不同阶层的对立。这种歧视弱势群体的观念映射在印度的学校中，导致中小学校园频繁发生欺凌事件，从而阻碍了印度中小学校园欺凌防治工作的开展。

3. 地方教育机构效率低下

印度中小学校园欺凌防治政策的实施受制于地方政府机构的教育效率。尽管中央政府颁布了相关政策，但由于一些地方政府机构缺乏足够的工作能力和高度的责任心，往往不能及时有效地推行。此外，印度各邦存在较大的文化差异，对中央政府制定的政策的接受程度也不尽相同。例如，以保障弱势群体教育权益为目标的保留政策（Reservation Policy or Affirmative Action）仅在个别邦实行。因此，尽管印度中央政府制定了详细多样的法律条文和规划纲要，但政策实施效果有限。显然，地方政府机构较低的教育效率将阻碍校园欺凌防治政策的实施。

4. 弱势群体基础教育状况不容乐观

一方面，表列种姓、表列部落以及少数民族等弱势群体学生的失学率与辍学率仍旧偏高。数据显示，2010—2011 年，他们的失学率分别是 5.9%、5.5% 和 7.7%，明显高于平均失学

---

❶ 杨旻旻，连进军. 印度改善弱势群体基础教育运动及问题：以 20 世纪 80 年代中期以后为中心［J］. 外国教育研究，2013（8）：27 – 36.

率（3.3%）。^❶ 值得注意的是，表列种姓和表列部落的儿童在小学阶段的辍学率更是高达 43.3% 和 55%，远高于平均值（40.6%）。^❷ 印度政府发布的报告显示：在五年级学生和七年级学生的测试中，表列种姓的学生的通过率均比平均通过率低 6%，而表列部落的学生甚至比平均通过率分别低 13% 和 10%。^❸ 另一方面，不同地域的教育水平差异显著，贫困人口相对集中的地区的总体教育水平较低。布拉罕（Pratham）协会于 2011 年进行的一项针对印度学生基础能力的调查显示，在阅读理解与数学计算方面，喀拉拉邦、米佐拉姆邦等传统教育强邦的学生表现优异，而比哈尔邦、北方邦、中央邦的学生的表现则相差较远。^❶

　　弱势群体学生失学率和辍学率偏高除了与其自身的教育质量差有关，与校园欺凌也有着一定的关联。他们在学校易受到老师和学生各种形式的欺凌，从而导致其自信心不高，不能像其他学生一样被平等对待，而且在学校和外界环境的压力大，因此多数学生选择放弃学业。所以，虽说在印度政府多年的治理下弱势群体的地位有所提高，但是校园欺凌的问题依旧很严峻。

---

　　❶ 15th Joint Review Mission of Sarva Shiksha Abhiyan Government of India. Sarva Shiksha Abhiyan（16th to 30st January, 2012）［EB/OL］.（2012 – 01 – 16）［2022 – 09 – 13］. http：//ssa. nic. In/monitoring/joint – review – mission – ssa – 1/joint – review – mission – ssa.

　　❷ India Ministry of Education. Statistics of School Education 2010 – 2011 ［Z］. New Delhi：MHRD, 2012：66 – 68.

　　❸ India Ministry of Education. Statistics of School Education 2010 – 2011［Z］. New Delhi：MHRD, 2012：9.

　　❶ Pratham. Annual status of education report（rural）2011 ［EB/OL］.［2022 – 09 – 13］. http：//pratham. org/images/Aster – 2011 – report. pdf.

5. 安贫和守旧的处世观依旧根深蒂固

从各项政策的实施情况来看，印度民众长期持有的安贫和守旧的处世观严重影响了中小学校园欺凌防治政策的实施。首先，由于大多数印度人口处于贫困状态，民众更关注物质分配是否公平，因而对政策所带来的教育公平机会抱有较低期望。其次，印度是一个宗教多元化的国家，民众信奉着各种不同的宗教。人们普遍敬畏神明，恪守传统。❶ 这就使得部分学生将欺凌作为一种展示权利和自尊的手段，从而导致校园欺凌事件的发生。最后，印度长期存在的种姓制度影响着人们对社会公平的理解。在印度的农村地区，种姓的差异决定了人们的家庭和社会生活模式、居住场所以及所持有的文化类型。❷ 种姓赋予印度民众不同的社会等级，进一步导致印度社会普遍存在歧视和不平等现象。在中小学校园中，低种姓的学生往往容易遭受高种姓的学生的歧视、虐待等欺凌行为。可以看出，作为一种封闭的制度，种姓制度无疑对中小学校园欺凌政策实施起到了阻碍作用。

由上可知，印度政府和学校从多层次、多角度、多主体地应对频繁出现的校园欺凌，但由于印度复杂的历史问题和社会环境，其对于校园欺凌的应对还是偏重于事后处理阶段，对于预防和疏导方面仍需突破。

---

❶ 张蕴岭. 亚洲现代化透视 [M]. 北京：社会科学文献出版社，2007：374 - 375.

❷ 尚会鹏. 种姓与印度教社会 [M]. 北京：北京大学出版社，2001：2.

第七章 中小学校园欺凌防治政策的国际经验与中国选择

一、中小学校园欺凌防治政策发展的国际经验

（一）法律政策为欺凌防治奠定基础

校园欺凌治理法制化是全世界治理校园欺凌的主旋律，各国都十分重视法律在治理过程中的作用，只有明确立法存在，才能确保校园欺凌治理的规范性和有效性。回顾各国校园欺凌防治相关法律政策的发展历程，主要有以下特点。

1. 强制性：建设反校园欺凌立法体系

遍览各国政府针对校园欺凌问题的举措，不难看出，制定并颁布相应的法律政策通常是首选应对方式。法律政策本身具有的强制实施性，给校园欺凌防治提供了强有力的保障，可以促进各级各类政府及相关部门和人员，依照法律要求开展反校园欺凌的各项措施。同时，从法律本身的效应和范围来看，很多国家都依据自身国情，从国家层面出台了相应的反校园欺凌的法律和政策，以最大限度地预防和整治校园欺凌现象。

比如英国制定了体系化的反校园欺凌法案，既包括法律位

阶较高的历年教育法案、《学校标准架构法》，又包括位阶较低的行政规则、命令等。地方教育主管部门和学校对校园欺凌的含义、管教措施、辅导方案、正当程序的规定均来自国会立法的授权，教师、校长及校管会对校园欺凌者的惩戒措施均来源于反欺凌立法的明确规定。澳大利亚中小学反校园欺凌政策也形成从上而下的体系，2003 年颁布的《国家安全学校框架》（NSSF）及其后续修订案，为后期澳大利亚政府直接做出抵制校园欺凌的对策奠定了法律基础。❶ 挪威 2003 年修订《教育法》时将原有《反欺凌宣言》所蕴含的理念纳入其中，明确规定：学校应保护学生不受侮辱性言语及其他欺凌、歧视、暴力、人种歧视等行为的侵害。❷

再比如以立法治理著称的美国，虽然目前没有出台解决中小学校园欺凌问题的专门的联邦法律，但是联邦政府教育部和司法部出台的多个民权法案，如《公民权利法》《复兴法》《教育修正案》《美国残疾人法》等，❸ 均秉持着人权神圣不可侵犯的突出理念，对欺凌、骚扰、歧视等行为有明确的规定，这为防治校园欺凌问题提供了法律指导与支持。此外，美国联邦政府还颁布了一系列与校园安全有关的法案，《校园安全法》《预防儿童接近枪支法》《改善校园环境法》《不让一个孩子掉队》《早期预警、及时应对：校园安全指南》，旨在加强校园安全建

---

❶ 商雪敏. 澳大利亚校园欺凌预防和干预的对策及启示［D］. 济宁：曲阜师范大学，2020：81 - 82.

❷ 北川邦一. ノルウェー教育法——公布約 12 年近くを経た主たる改正内容［EB/OL］.（2016 - 05 - 06）［2022 - 08 - 03］. ins. jp. org/11919kita - ga - kyouiku-hou. pdf.

❸ Federal laws，Stop bullying federal government website［EB/OL］.（2014 - 05 - 27）［2022 - 08 - 03］. https：//www. stopbullying. gov/laws/index. html.

设、建立校园欺凌防治的体系。❶与此同时，在联邦政府的推动和呼吁下，各州政府积极通过法律政策来预防和干预校园欺凌行为。1999年佐治亚州制定了全美首部关于校园欺凌问题的法律，到2015年全美各州均拥有了针对校园欺凌的相关法律，也基本建立了校园欺凌事件的预防、认定、调查、处理等法律机制，为学校预防和处理欺凌事件提供了系统的法律保障。❷

由此可见，国家各级政府层面的强制立法，是校园欺凌防治的基础和保障。

2. 针对性：颁布反校园欺凌专项法案

在各国的校园欺凌防治政策中，通用做法是在常规教育法案中增加反校园欺凌的内容条目，这种做法有利于快速地将校园欺凌防治融入现有法律体系，但其针对性还有待提升。为更积极地防治校园欺凌问题，部分国家制定了专项法案，将校园欺凌防治上升到国家法制层面，专项法律中的相关规定可以与现有法律结合实施，增加了法律的权威性与威慑力。

挪威是世界上最早关注和研究校园欺凌的国家，也是世界上首批针对校园欺凌进行专项立法的国家之一。早在2002年挪

---

❶ 李云鹏. 美国保卫校园的安全机制 [J]. 外国中小学教育，2011（2）：62 - 66；ALLANSON P，LESTEK R R，NOTAR C E. A history of bullying [J]. International Journal of Education and Social Science，2015，11（2）：324 - 332；崔总合，吕武. 新世纪以来美国校园欺凌治理的进展、经验与启示 [J]. 教学与管理，2018（12）：114 - 117；2016 Federal bullying prevention summit explores themes of tolerance and inclusion [EB/OL].［2022 - 07 - 28］. https：//www. Stopbullying. gov/blog/2016 2016 federal bullying prevention summit explores themes of tolerance and inclusion. html.

❷ U. S. Education Department. Releases analysis of state bullying laws and policies [EB/OL].［2022 - 08 - 05］. https：//www2. ed. gov/rschstat/eval/bullying/state - bull-ying - laws/state - bully - ing - laws. pdf.

威议会就颁布了《校园环境法案》，该法案一经颁布，就成为挪威校园欺凌防治工作的根本纲领，引导挪威的校园欺凌防治实践走向法治化、制度化和系统化。

除挪威外，日本也是将校园欺凌工作专项立法的国家，2013 年日本国会议会通过《校园欺凌防止对策推进法》。作为日本校园欺凌防治的根本法，该法案不仅明确了校园欺凌的界定范围、防治的基本方针、惩戒措施等，还对地方、学校、家庭、社会都提出相应要求，并清晰地传达出对校园欺凌零容忍的基本态度和立场，引导社会重视校园欺凌。❶ 同时，法案要求地方政府因地制宜地制定本地相应政策，建立地方"校园欺凌防治政策联络委员会""地方校园欺凌咨询机构"，主动联合地方公共团体积极参与到校园欺凌防治工作中，并细化各主体责任义务。此外，法案对学校的职责也明确要求学校健全校内反校园欺凌机构与设施，创设细致的校园欺凌应对流程，配备专业心理辅导教师，开设道德科等，从措施层面细化法律要求。❷

专项立法极大地推进了校园欺凌防治工作的进程，凝聚了各界力量，构建了本国中小学校园欺凌防治体系，也取得了较为良好的成效。

3. 有效性：明确欺凌预防及惩戒机制

鉴于校园欺凌的严重危害，在校园欺凌防治问题上，很多国家都采取"零容忍"的政策。"零容忍"政策强调对欺凌者

---

❶ 文部科学省. いじめ防止对策推進法［EB/OL］. （2013 - 09 - 28）［2022 - 08 - 17］. https：//www. mext. go. jp/a_menu/shotou/seitoshidou/1406848. htm.
❷ 李梓嘉，李冉. 基于东京都防止校园欺凌政策文本的政策工具分析［J］. 北京化工大学学报（社会科学版），2017（4）：100 - 105.

的事后惩戒。清晰明确、具有可操作性的惩戒措施可以在一定程度上有效预防欺凌的再次发生。因此，各国在制定反欺凌法律政策时，都会涉及惩戒措施的标准和执行问题，并且将惩戒权下放至学校，以便学校能够及时处理欺凌问题。以美国为例，州政府及有关法律要求学校要及时报告校园欺凌事件，对于欺凌者，情节轻者进行批评教育或社区服务；情节严重者则会作出停学或退学的严重处理。除此之外，对于旁观者和知情不报者等一系列人员一并进行处理。数据显示，2009—2010 学年，在 32 300 所公立学校中，39% 的学校采取了至少一次严重违纪处分（包括 5 天以上的停课、开除），其中 5 天以上停课的处罚中有 81% 是针对校园欺凌的。[1] 英国、加拿大、澳大利亚、日本等国家法律中也有类似的关于惩戒措施的规定，赋予学校依据自身情况进行欺凌惩戒的权力，可以采用训诫、课后留校、定期停学甚至开除学籍等惩戒措施，这对维护校园秩序、防止欺凌发生起到了不可替代的作用。

对欺凌者的惩罚是治理校园欺凌的基本思路，但这无法从根本上遏制校园欺凌事件的发生，除惩罚措施之外，预防校园欺凌的发生也同样重要。因此，随着各国欺凌防治工作的开展，"预防与处理并重的思路"逐渐成为防治工作的共识。比如，英国的地方教育主管部门和学校通过制定学生守则、组织行为辅导支援团队、制定辅导方案、提供替代性教育服务等方式建立起常态的预防、纠正欺凌行为的机制。美国州法律鼓励采取预防措施应对欺凌，要求学区为学校人员提供校园欺凌预防培

---

[1] American Center for Education Statistics. Serious disciplinary actions taken by public school [EB/OL]. [2022 - 08 - 02]. http：//nces. ed. gov/programs/crimeindi-catiors/crimeindicators2014/ind_19. asp.

训，提高师生预防校园欺凌的意识与技能，同时鼓励社会各团体组织积极参与建构校园欺凌预防体系，推动校园欺凌预防工作的开展与进行。日本法律鼓励采取"德育预防"的方式来预防校园欺凌，从校园文化影响、品德教育渗透和家庭教育合理配合三个方面为欺凌的预防提供相关政策制度支持。

（二）制度体系为欺凌防治提供保障

法律政策是校园欺凌防治工作的基础和依据，在实践过程中，法律政策的顺利落实有赖于各级制度体系的建设，完善的防治制度可以为反欺凌工作的实施提供规则和秩序保障，也可以为经费支出分配和人员交流合作提供指导。

1. 完备性：自上而下构建欺凌防治制度

从各国政府校园欺凌防治的经验来看，努力构建完备的反欺凌制度体系，使欺凌防治工作有章可循，形成常态化、正规化的工作机制，是欺凌防治工作中不容忽视的重点内容，也是反校园欺凌取得成效的重要保障。

比如挪威政府在校园欺凌防治问题上，通过专项法案铸造了一条中央政府（教育部）—郡长—地方政府—校长—教职工的"五级责任链条"。法案对每一级政府职能部门和相关负责人员的角色和职责进行了详细的区分和规定。同时法案确立了一个校园欺凌防治的三级问责机制：地方最高行政长官（郡长）—地方政府（郡、市政府）—学校（校长和教职工）。地方政府作为学校业主是学校欺凌防治工作的主管，为辖区学校的渎职和违法行为接受地方最高行政长官的行政问责和司法部门的刑事问责。而校长和教职工具体负责学校欺凌防治工作，若有渎职或违法行为，将接受地方政府和地方最高行政长官的行政问责和司法部门的刑事问责。

同样有欺凌防治专项立法的日本，也通过相关制度变革形成了系统的欺凌防治机制。比如，在纵向上构建了国家—地方—学校的防治体系：先由国家颁布法律，明确防治方针和规则，制定易于执行的防治框架；再由地方政府依据自身条件，细化国家方案，完善地方反欺凌组织建设，制定地方方针和防治措施；最后，由学校依据地方要求制定明确细致的应对方案和措施，配备学校反欺凌组织，实施校园欺凌调查与分析，并提交调查报告。与此同时，还注重横向上各机构、组织、个人之间紧密协作，实现校园欺凌信息共享。

美国在治理校园欺凌方面十分注重多部门合作，充分发挥各部门的职能，共同解决校园欺凌问题。在此基础上，美国也形成了以政府为指导，学校为主导，社会各方协同合作的校园欺凌防治体系。首先，政府制定有关防治校园欺凌的法律规制，为学校治理校园欺凌事件提供法律支持与指导；其次，学校作为教育的主阵地，在校园欺凌防治中发挥主导作用，制定并实施关于校园欺凌的防治方案；最后，社会各界多方参与。

2. 操作性：多主体参与的同时明晰权责

校园欺凌是无法依靠一方的力量而得到根治的，只有充分调动和整合各界力量，采取多种措施通力合作才能有效遏制和解决校园欺凌问题。校园欺凌不单单发生在学校中，其发生的场所、具体成因、防治措施都呈现复杂化的特点，因此需要构筑国家、地方、学校、家庭和社会五位一体式反欺凌防线，建立一个相互尊重的反欺凌伙伴关系和反欺凌社会生态系统。但多主体的参与也容易造成相互之间职责模糊、相互推诿等现象，因此在制度上厘清校园欺凌防治各参与者的角色职责和工作范围就显得尤为必要。这也是各国政府反校园欺凌制度建设的重要内容。

以加拿大为例，比如安大略省各学校董事会的行为准则中就明确规定了在校园欺凌防治上各方主体的责任，以确保相关人员能够尽到各自的责任并相互配合，有些董事会甚至将责任细分到董事会、校长、教师和学校职员、学生、家长，形成一个校园欺凌防治共同体。这个共同体内，各个责任主体各司其职，从不同的角度出发采取相应的措施，有效预防和处理校园欺凌事件。

澳大利亚的《国家安全学校框架》（NSSF）分别从学生群体、教师群体、学校领导、校本政策和程序、校园文化、校本课程等9个方面制定了安全校园建设的核心标准，突出强调了学校、家庭与社区伙伴关系建立的重要性。❶ 澳大利亚校园欺凌预防和干预对策强调了不同责任主体之间的责任与义务，学生主体中欺凌者、被欺凌者以及旁观者和学校主体中的教师、校长以及众多的工作者等都参与到反欺凌计划中来，构成权责统一、分工明确的治理体系，治理系统的每个环节环环相扣、层层递进，并能够相互配合，对校园欺凌的预防和干预做出了共同的努力。❷

---

❶ Department of Education and Training. National safe schools framework （NSSF）[EB/OL]. （2017 – 06 – 10）[2022 – 08 – 03]. https：//www. education. gov. au/national – safe – schools – framework – 0.

❷ 商雪敏. 澳大利亚校园欺凌预防和干预的对策及启示［D］. 济宁：曲阜师范大学, 2020：81 – 82.

3. 多维性：从预防到惩戒全程规范防治

校园欺凌的发生并不是一个偶然发生的短暂现象，欺凌的产生往往有着复杂的文化环境背景和社会心理机制。因此，对欺凌的防治也不能仅仅从单一维度的惩戒或预防展开，而是要在充分了解欺凌发生机制的基础上，全方位地执行事前预防、事中干预和事后处罚的欺凌防治程序和规范，将欺凌防治理念贯穿整个学校教育文化制度建设。

以挪威为例，其欺凌防治专项法案对欺凌防治工作的各个环节都作出了细致的程序性规定。在事前预防方面，法案主要从确立反欺凌的共同价值观、制订行为规范、建立专门机构三个方面提出要求：学校有责任建立关于校园欺凌的宣传、沟通和调研机制等；学校有责任对家长和学生进行反校园欺凌的教育和培训，让他们充分了解自己的权利和捍卫权利的渠道与方法；学校业主有责任制订校园行为守则供学校和学生日常参照；学校有责任成立校园欺凌防治的专门组织，以制定和实施学校的环境改进和欺凌防治的政策与措施。在欺凌事中干预方面，法案做出了更为详细规定，不仅包括对个案的处理程序，还包括响应时间：学校必须在一周内对学生上报的个案展开调查并制订书面行动计划，一旦个案备案后，学校必须按照调查问题、制定方案、采取行动、记录过程、评估效果的基本处理流程来处置，而且要明确行动的具体负责人。而关于事后处罚，法案重点提出了针对欺凌者的两种处罚——转学和停学，并分别规定了处罚的适用行为和条件。而对于其他情节相对较轻的欺凌行为，法案赋予了学校、学校业主和郡长以自由裁量权。

再如，日本在校园欺凌防治的过程中也意识到，以"堵"为治的方式将大大拉长防治战线，日本对校园欺凌的防治政策也开始注重以"防"为主。国家充分利用公共媒体、公民馆、讲座等方式提高反欺凌政策的宣传和普及力度，如日本 NHK 推出的"如何防治欺凌"系列主题节目、部分影视作品主题均与"校园欺凌"相关等。同时在教师教育制度中增加关于反欺凌知识的培训、对学生增加相互理解的德育课程和应对校园欺凌的方案措施、在学校与家长的沟通中引导家长重视家庭教育，防范校园欺凌事件。此外，还吸引地方团体积极参与校园欺凌防治，通过"地方校园欺凌咨询机构"和"校园欺凌防治政策联络委员会"等组织力量，配合学校开展欺凌预防教育以及和谐环境建设，定期对本校学生进行校园欺凌调查，为学生提供支援。

（三）专业力量为欺凌防治提供指导

正如前文所述，校园欺凌现象的产生背后有负责的社会环境因素和心理机制。除了在政策法律和制度建设上的努力，专业力量的介入，也是各国欺凌防治工作取得成效的原因之一。专业力量主要体现在成立各类反欺凌机构、开展校园反欺凌专项计划活动、组织并培训从事欺凌防治的专业人员队伍以及开发建设相关的反欺凌资源等。专业力量的存在和发展，极大增强了校园反欺凌防治的科学性和有效性，比如设立有关欺凌预防的专门会议委员会，有助于确保会议内容和方向的正确性，提高学校、学生、家长、社区等对于校园欺凌问题的重视；开展校园反欺凌项目，可以为教师处理校园欺凌问题提供指导，为学生提供认识校园欺凌预防的平台。

1. 开展专项项目，增加欺凌防治的科学性

在欺凌防治实践中，许多国家都依据自身的实际情况，从不同视角和维度展开了多个校园欺凌防治项目，这些项目的发布和实施为学校预防并干预欺凌问题提供了参考依据，达到科学治理的目的，也为学校提供了强有力的抓手，支持学校更好地解决校园欺凌问题。

挪威的校园欺凌防治成效享誉世界，这与其实施的多种高质量反校园欺凌项目密切相关。挪威在反欺凌实践中，由社会科研机构在实证数据和项目实施状况的基础上，研发调整出许多高质量的反欺凌项目，如儿童行动挪威中心设计的旨在预防欺凌的全校积极行为支持（School – Wide Positive Behavior Support）项目，挪威学校仲裁所制度研究会开发的侧重校园欺凌校内仲裁的学校仲裁所项目，立足学校、教师、预防三大关键点的奥卢维斯校园欺凌预防项目，侧重培养教师欺凌防治能力的零容忍欺凌预防项目等。这些项目都是基于挪威《反欺凌宣言》和反欺凌立法而实施的具体方案，对校园反欺凌防治有巨大的推进作用。

再如美国，针对中小学校园欺凌问题，联邦政府、州政府、学校以及社会组织等多方面建构校园欺凌防治项目，如从挪威引进并本土改良的奥卢维斯欺凌预防项目、"教育学生成为和平缔造者项目"（Teaching Students to be Peacemakers initiative, TSP）、"积极行为干预和支持模式下的校园反欺凌计划"（Positive Behavioral Intervention and Support, PBIS）、STAC 校园欺凌干预项目、"期待尊重"项目、校园欺凌防控项目（Bully Proofing Your School, BPYS），等等。此外，如澳大利亚昆士兰各学校的"积极行为计划"、墨西哥实施的"T 计划"、加拿大学校

的"校内尊重"计划等，都是从专业项目的角度健全欺凌防治的工作流程和体系，以实证数据和具体实践为基础，提升校园防治工作的科学性。

2. 组建专业团队，拓展欺凌防治的持续性

校园欺凌防治的最终落脚点是人，涉及欺凌事前预防、事中干预、事后惩戒等环节中的教育、干预以及相关管理、支持人员等。专业团队的组建、发展、交流、合作，是校园欺凌防治工作实践展开推进的基本保障，更是决定反欺凌效果的重要影响因素。各国的欺凌防治实践中都对相关团队和人员进行了相应的要求和规定，以期能够持久有效地推进欺凌防治工作。

比如，日本《校园欺凌防止对策推进法》要求学校成立防止校园欺凌对策委员会，其中委员会成员必须具有教育学、心理学、法学、医学、社会学等专业知识。这使得学校聘请临床心理咨询师、社会福利工作者、医生、法律工作者等社会人士，同时还会邀请地方保护司、儿童委员会、NPO、NGO 等社会组织参与到校园欺凌防治工作中。而这些社会专业人士的参与使得校园欺凌防治更具权威性、针对性和综合性。美国政府意识到，教师防治校园欺凌意识的强弱会影响教师在面对欺凌行为时采取干预行动的可能性。因此，将教师作为学校反欺凌的中坚力量，通过入职培训、继续教育等多种渠道增强其反欺凌意识和能力。除此以外，学校内与学生有着紧密联系的所有人员，包括校长、校医、校车司机等都要接受相应的培训，以最大限度提升校园工作者的反欺凌意识和能力。

除了在欺凌防治的过程和举措上加入专业人员队伍，加拿大、日本等国还通过引入第三方评估机构的方式，提升防治效果的公正性和客观性。这是由于学校作为应对校园欺凌的最直

接主体，在对校园欺凌防治情况的了解中往往会带有一定的主观色彩，而第三方评估机构具有中立性、专业性和市场化的特征，能有效克服政府（第一方）和学校（第二方）自我评价的局限，有效提高评价的客观性和公正性。如加拿大安大略省政府就引入第三方——安全校园行动小组，促进了"官""办"与"评"的相对分离，帮助政府和学校更加客观地发现校园欺凌防治的效果以及存在的问题，从而适时调整政策导向，取得更优的防治效果。

3. 开发资源技术，提升欺凌防治的有效性

随着各国校园欺凌防治项目的深入开展和人员的专业化培训，欺凌防治工作也积累了大量的专业化资源和技术，使得欺凌防治工作能够不断调整优化，为后续工作的开展提供参考资源和经验。比如，美国针对校园教育相关工作者，如教师、校长、校医、校车司机等，开发了一系列培训课程。如针对教师的 CPI 危机处理干预课程❶，针对校车司机的反欺凌工具包❷，还有针对教育管理人员的培训认定课程等。除此以外，美国大多数公立学校都设置了常态化的反欺凌课程体系，以此培养提升学生的反欺凌意识。比如阿拉米达联合学区林肯中学开设了"拒绝欺凌"的主题课程❸，奥克兰联合中学开设了"对欺凌说

---

❶ WEAVER L M, BROWN J R, WEDDLE DB, et al. A content analysis of protective factors within states' antibullying laws ［J］. Journal of School Violence, 2013（2）：156 – 173.

❷ 周晓晓. 美国中小学校园欺凌预防干预措施研究 ［D］. 上海：华东师范大学, 2018：43.

❸ Lincoln Middle School. Lesson plan ［EB/OL］. ［2022 – 08 – 05］. https：// lms – alamedausd – ca. schoolloop. com/lessonplan.

不"的主题课程❶，加利福尼亚的普莱森顿中学开展"橙色团结日"（Unity Day – Wear Orange）的主题教育活动❷。

此外，英国教育部门也开发出一系列帮助解决欺凌的可用资源，如教育研究局出台了《反欺凌行动》《支持学校反对欺凌》《小学生遭遇欺凌行为指南》等反欺凌指导手册，为学校反欺凌工作提供实践指导。澳大利亚教育部门也针对教师、家长和儿童开发出相应的培训课程和资源，比如为所有教师提供网络欺凌专业培训；为家长提供不同年龄阶段学生网络欺凌应对指南，包括相关教育课程、视频以及其他资源等，内容包括"什么行为是欺凌""欺凌有哪些表现""孩子如果受到欺凌时应该怎么做""看到其他同学受到欺凌时孩子应该怎么做""学校对校园欺凌的态度""遇到校园欺凌事件学校的处理机制"等；为学生提供安全教育课程"健康和体育"（Health and PE），在课程学习中教授学生与校园欺凌相关的知识和法律政策。❸加拿大政府提供多语言的《欺凌行为我们可以帮助制止——家长手册》，帮助家长和学生有效地辨识和制止欺凌，教育部还通过儿童求助热线（Kids Help Phone）24小时为学生及家长免费提供关于校园欺凌和其他相关问题的咨询。❹另外，校园欺凌预防项目重视利用反欺凌工具和资源，通过在不同学校使用这些工具和资源，得到效果反馈，从而对这些工具和资

---

❶　Oakland Unity Middle School. Class project［EB/OL］.［2022 – 08 – 05］. https：//www. unitymiddle. org/class – project/.

❷　Pleasanton Middle. Unity day – Wear orange！［EB/OL］.［2022 – 08 – 04］. https：//pleasantonmiddle. pleasantonusd. net/apps/events/2020/10/21/8577427/.

❸　蒋凌. 校园欺凌法律规制研究［D］. 无锡：江南大学，2021：28.

❹　杨廷乾，接园，高文涛. 加拿大安大略省校园预防欺凌计划研究［J］. 比较教育研究，2016，38（4）：62 – 65，77.

源进一步改进，最终得到具有普适性的反欺凌资源。

（四）社会支持巩固欺凌防治的效果

1. 构建家庭—社区—社会的反欺凌共同体

校园欺凌防治不仅需要政府部门、学校、家庭的协力配合，也需要社会各机构团体的共同参与。因此，在校园欺凌防治中，非常有必要充分发挥相关机构、社会团体、舆论媒体的社会支持，形成全员参与、全员治理、全员监督的校园欺凌防治格局。

如加拿大校园欺凌预防项目非常重视学校、社区和家庭之间的联系，通过形成以校园为主的反欺凌共同体，在多方合作的过程中进行反欺凌教育和预防欺凌事件的发生。美国政府也持续鼓励各类社会团体和第三方组织共同参与校园欺凌防治工作，如学校的校园警察可直接参与到中小学校园欺凌治理中；法律明确监护人监管失职的追责，家长有权利得到学校的欺凌报告和调查；学校或学区要为家长进行关于反欺凌的培训等。英国政府认为仅靠学校或当地教育部门的力量是远远不够的，反校园欺凌需要吸纳民间资源的校外机构予以援助。因此，英国将反欺凌的校内治理和校外援助关联化，建立反校园欺凌校外机构网络并与反欺凌校内治理相关联，为学生及其监护人提供富有弹性的多层次课程辅导和替代性教育服务，为校园欺凌这一社会性难题的解决提供社会保障。同时，英国反校园欺凌法律体系要求监护人对欺凌行为承担连带责任，扩展监护人的义务，打破了传统的学校与监护人对学生行为的分工界限，也完善了对校园欺凌的问责机制。

2. 创设安全包容的反校园欺凌文化环境

除了通过一系列显性的校园欺凌防治措施来改善校园欺凌的现状，发展反校园欺凌文化，是能够改善校园欺凌的内在力量，可以从根源上治理校园欺凌事件。因此，各国在防治欺凌工作中，越来越关注安全、尊重、舒适的校园文化和社区文化建设。如澳大利亚将反欺凌教育与校园文化建设相融合，强调要形成支持、尊重的学校文化。加拿大对校园欺凌的防治经历了从惩戒性方式为主转向逐步建设安全、包容型校园环境，致力于发展相互尊重、支持的校园文化，以促进积极的行为。在校园建设中重视整体学校方法，着力塑造学校生活的各个方面，如政策、课程、实践等，包括张贴反欺凌海报、反欺凌演讲、公开反欺凌政策等直接表明学校反对欺凌等不当行为的立场；为学生和工作人员提供学习不同历史、文化和观点的相关机会，使用反映学生群体多样性的课程材料等，促进师生和生生之间的相互理解；支持学生组织的反欺凌活动，同意学生建设同性恋联盟等，加强反欺凌意识；向家长、相关社区、运营商等提供专业反欺凌资源，扩大反欺凌范围。这些意识与行为组合成校园反欺凌的生态系统，发展成充满活力的反欺凌校园文化。

二、中小学校园欺凌防治政策发展面临的挑战

（一）网络媒体增加欺凌的隐蔽性

随着互联网的广泛普及和信息技术的发展，现实中的校园欺凌也逐渐转移至虚拟世界并成为校园欺凌的新形式。网络欺

凌，一般理解为个人或团体使用电子邮件、手机短信、即时讯息、诽谤性网页和社交媒体等形式的互联网技术来支持其意图伤害他人的恶意、敌对行为，包括但不限于威胁、骚扰、羞辱、诋毁、披露隐私、在线孤立。❶ 网络欺凌行为具有校园欺凌的本质特征和内涵，是校园欺凌在网络空间的移植和延伸。相比传统的校园欺凌，网络欺凌的性质独特且影响深远。网络欺凌产生于虚拟空间，传播速度更快、范围更广、持续性更强，类型多样、内容多变且施害者没有时空限制，更易隐蔽，危害性更大。网络欺凌不仅严重影响受害者的身心健康，造成不安全感，导致情绪紧张、低自尊、焦虑抑郁等多种问题，还会让欺凌者产生更严重的欺凌行为，甚至走上违法犯罪的道路。❷

2019 年，联合国儿童基金会发布消息称，全球 70.6% 的 15～24 岁年轻网民正面临网络暴力、欺凌和骚扰的威胁。联合国儿童基金会在《2017 年世界儿童状况：数字时代的儿童》报告中特别指出了网络欺凌给儿童带来的威胁："从前，受到欺凌的儿童可以通过回家和独处躲避这样的侵犯和骚扰，但如今，数字世界却没有为儿童提供这样的安全港。"❸ 与此同时，许多跨文化研究结果都表明，网络欺凌对青少年的危害不亚于传统欺凌，同时由于其手段的新兴性和隐蔽性，网络欺凌在青少年

❶ 李普，苏明月. 美国应对校园网络欺凌的策略及其启示 [J]. 中国青年社会科学，2017，36（5）：115－120.

❷ 朱晶. 国外校园网络欺凌的干预策略 [N]. 中国社会科学报，2021－11－11（9）.

❸ UNICEF. Children in a Digital World：The State of The World's Children [EB/OL]. （2017－12－01）[2022－08－30]. https：//www.unicef.org/publications/index_101992.html.

成长过程中逐渐成为一种新的安全隐患。❶由此可见，网络欺凌应该引起各个国家的关注。在处理网络欺凌问题时，应该进一步细化网络欺凌的具体类型，并明确针对每一类网络欺凌事件的具体处理方式与程序，以期更好地指导对网络欺凌事件的处理。

（二）弱势群体欺凌防治更具难度

校园欺凌是一种历时性、跨文化的普遍现象，受社会政治制度、经济发展、文化环境、教育水平、宗教信仰等因素的影响，其防治工作也需要综合协调政策、经费、人员等多方面的投入。在各国校园欺凌防治工作实践中，不难发现，由于各种原因形成的弱势群体，面临数量更多、频率更高、后果更严重的欺凌，针对他们的欺凌防治工作也更为复杂、更具挑战性。这里的弱势群体，是指由于文化、经济、宗教、性别、残障等原因导致自身处境不利的群体，比如贫困家庭儿童、移民家庭儿童、单亲家庭儿童、残障儿童、女童等。

以印度为例，其弱势群体问题较为敏感且尖锐，给校园欺凌防治工作带来困难。受传统的印度宗教、种姓制度和男权社会思想的影响，印度社会对弱势群体的歧视根深蒂固。对弱势群体的帮扶改革涉及社会利益的重整，容易遭到其他种姓、宗

---

❶ NSS Framework Resource Manual［EB/OL］.（2012－05－10）［2022－09－13］. http：//www. deewr. gov. au/Schooling/National Safe Schools/documents/NSS Framework Resource Manual. pdf；Bullying in school and cyber space：Associations with depressive symptoms in Swiss and Australian adolescents［EB/OL］.（2000－04－28）［2022－09－13］. http：//tsuhhelweb. tsu. edu.

教群体、党派或集团的抵抗。弱势群体学生的整体失学率和辍学率偏高、教育质量低，他们在学校易遭受老师和学生各种形式的欺凌。而弱势群体所遭受欺凌的严重性往往被经济发展程度、文化多样性、不同宗教信仰、学业能力等多种借口冲淡甚至遮蔽，从而使欺凌防治工作变得更加复杂且更具挑战。

（三）欺凌预防发现机制仍需完善

校园欺凌的发生往往具有较大的隐蔽性，这也造成校园欺凌行为发现难的困境，而发现校园欺凌现象是处理校园欺凌现象的首要环节，因而有效治理校园欺凌的一个重点就是完善校园欺凌的发现机制。虽然当前很多国家的欺凌防治工作都经历了由"治"到"防"的转变过程，但是在实际欺凌防治工作中，对欺凌事件的识别发现以及预防仍有不足。

造成这一现象的原因有多种，比如学校层面的行政管理者没有充分理解校园欺凌问题的严肃性和危害性，对校园欺凌的防治仅仅停留在表面，使得校园欺凌线索发现和报告机制流于形式；再比如法律政策中对欺凌概念的界定不够具体，面对欺凌问题更多的是提供框架性的指导意见或者笼统性的处理方向，甚至部分内容较为简单含糊、难见细节，导致不同文化、不同地区、不同主体对欺凌的理解不一致，从而无法快速有效识别欺凌现象；除此之外，教师本身繁重的日常教学工作也使他们很难专注于识别欺凌事件的发生。

三、中小学校园欺凌防治政策的中国路径选择

校园欺凌发生频率高、隐蔽性强、取证困难、类型复杂、危害性大，导致校园欺凌成为校园治理甚至是社会治理的难题。青少年身心特征、家庭成长环境影响、学校教育与管理疏漏、不良社会文化干扰、立法规定缺失、惩处和教育矫治乏力等都是滋生校园欺凌行为的重要因素。有效解决校园欺凌问题，需要多方参与、协同治理，构建"前期预防—事中处置—事后救济"的多层次联动机制。预防是校园欺凌防治工作的重点和难点，及时发现和矫治欺凌者是遏制欺凌行为的有力措施，对被欺凌者进行安抚救济是降低欺凌损害后果的必要的配套，三个环节相互联结共同组成校园欺凌治理路径的制度体系。❶ 通过对各国校园欺凌防治政策及实践挑战的总结与梳理，当前我国中小学校园欺凌防治政策可以从以下几个方面展开。

（一）建立校园欺凌预防制度

政策法案是制度保障顶层设计的重要环节，校园欺凌的干预与治理建立在法案政策出台基础之上。从国际防治校园欺凌的工作经验来看，首先，完善立法体系制度是防治欺凌工作的基础和首选思路。当前我国防治校园欺凌的立法并不完善，关

---

❶ 王贞会，林苗，胡发清. 校园欺凌的现象观察及其治理路径重塑 [J]. 中国青年研究，2021 （3）：83，103 - 109.

于校园欺凌的规定较为概括且缺乏强制性，容易造成实践中无法具体执行的困境。因此，要进一步制定防治校园欺凌的专门立法，系统全面地部署规定校园欺凌的各项工作，使得校园欺凌防治工作有章可依、有据可循，将校园欺凌防治工作纳入法治化、规范化轨道。

其次，明确校园欺凌防治工作各主体的职责分工，突出政府主导责任，健全落实各主体职责的工作机制以及问责追责机制。在我国目前的校园欺凌预防体系中，学校承担主要工作，政府及其教育主管部门居于指导地位。这使得校园欺凌防治工作出现角色主体与职责的错置，造成欺凌预防中政府责任和学校责任不对称。因此，应当坚持政府主导、学校落实的责任分配原则，加强政府有关部门对校园欺凌预防工作的介入和指导。政府加强对学校开展预防校园欺凌工作的过程性支持，如增强对学校的资金投入和人才配备，为教职工提供预防校园欺凌的专业化培训，对欺凌预防的过程和效果进行监督评价等。

最后，健全预防校园欺凌的多元参与机制，构建起立体化、网格化的预防校园欺凌支持体系。如学校应当制定详细可行的防治校园欺凌方案和制度，以此提高校园安全系数，加强对学生的教育引导，增强教师责任意识，做好重点学生群体的关心关爱工作，完善学校对校园欺凌的发现—处理—救济机制，还可以通过成立应对校园欺凌工作组的方式，及时有效和专业地处理与校园欺凌相关的事务。此外，学校应当定期与家长沟通，鼓励和引导社会力量参与校园欺凌预防体系构建。

（二）健全校园欺凌治理体系

在校园欺凌防治工作实践中，除了预防欺凌现象的发生，发现并报告欺凌行为通常是校园欺凌治理工作程序的第一步，也是最关键的、容易被忽视的一步。我国尚未建立健全的校园欺凌介入程序，因此对于欺凌事件普遍存在响应能力不足，存在发现晚、处理晚的问题，学校、执法部门不能主动适时介入，导致整体应对迟缓。校园欺凌具有区别于一般的校园暴力行为的隐蔽性，在欺凌事件中被欺凌者往往长期遭受欺凌者的负面影响，常迫于压力选择容忍而非报告，导致众多欺凌事件不能及时发现，使得校园欺凌渐趋严重甚至呈现暴力化。❶ 鉴于此，政府教育主管部门、学校等有关单位应当建立畅通的校园欺凌线索报告渠道，通过设立校园欺凌防治电话、邮箱、网站等方式，为受害人及其家属、学校教职工、社会公众报告欺凌行为提供有效途径，明确青少年家长、学校教职工或其他负有保护青少年职责的人对发现有校园欺凌行为的强制报告义务，教育主管部门或学校应当设置专门机构或人员负责受理欺凌行为的报告并及时做出回复，避免校园欺凌线索发现和报告机制流于形式。❷

与此同时，校园欺凌事件发生后的处理机制也需要进一步完善。应当进一步构建层次性、多元化的处罚与矫治体系，完

❶ 李莉，姚宇波. 校园欺凌干预制度的法律研究：美国经验与中国路径 [J]. 青少年犯罪问题，2019（1）：30-39.

❷ 王贞会，林苗，胡发清. 校园欺凌的现象观察及其治理路径重塑 [J]. 中国青年研究，2021（3）：83，103-109.

善民事赔偿、行政处罚、刑事处罚等责任承担方式及其相互衔接转化机制。如在学校建立教育惩戒制度，实施明确的纪律处分和相应的惩戒措施，赋予教师教育惩戒权，构建教师反欺凌责任机制；同时，引入亲职教育制度，落实父母反欺凌责任；此外，要建立"分级干预"体系，构建完善的校园欺凌司法惩戒机制。❶

（三）完善校园欺凌救济体系

校园欺凌往往具有重复性和持续性，给遭受欺凌的学生造成身心上的双重伤害，甚至影响其健康人格和价值观养成，应当完善对遭受欺凌学生的安抚救济体系，切实做好青少年保护工作。这其中，学校在校园欺凌安抚救济体系中居于首要地位，应当建立对遭受欺凌学生的安抚救济机制，并在发现校园欺凌后第一时间启动。教师或有关人员应当及时了解受欺凌学生的身体和心理状况，采取适当方式对受欺凌学生进行心理抚慰，必要时可以邀请专业的心理咨询师进行心理辅导。此外，家长和社会力量也在校园欺凌安抚救济体系中扮演着重要角色，可以通过与学校的配合与合作，给被欺凌学生提供最大程度的支持和帮助。

学校是处理校园欺凌事件的主战场，当欺凌事件发生后，被欺凌学生的心理与社会关系的修复与重建需要社会力量、执法部门以及法律援助机构的适时参与，这也需要学校在处理校

---

❶ 文慧，陈亮. 中小学校园欺凌惩戒的现实诉求与实现路径 [J]. 教育科学研究，2020（7）：29－35.

园欺凌时做好和相关外部主体（如家庭、执法部门、法律援助机构、社会力量等）的衔接。如当欺凌行为涉嫌违法或犯罪时，则需执法部门介入调查，介入的模式应当包括由学校、被欺凌者以及监护人提起的申请介入与执法部门的主动介入。在欺凌案件的处理中，学校需要做好与法律援助机构的衔接，当校园欺凌有违法、犯罪的可能时，学校需要判断法律援助机构是否需要介入，从而维护被欺凌一方的正当权利以及欺凌者的正当诉求；欺凌事件发生后，学校需要与社会力量衔接，开展包括心理咨询、志愿服务以及品德教育等恢复程序。

参考文献

一、中文文献

（一）专著类

［1］埃德蒙·金. 别国的学校和我们的学校：今日比较教育［M］. 王承绪，邵珊，李克兴，等译. 北京：人民教育出版社，2001.

［2］安双宏. 印度教育战略研究［M］. 杭州：浙江教育出版社，2013.

［3］北京师范大学国际与比较教育研究院. 国际教育政策与发展趋势年度报告 2015［M］. 北京：北京师范大学出版社，2016.

［4］博登海默. 法理学：法哲学及其方法［M］. 邓正来，姬敬武，译. 北京：华夏出版社，1987.

［5］戴维·谢弗. 社会性与人格发展［M］. 5 版. 陈会昌，等译. 北京：人民邮电出版社，2012.

［6］丁烈云，杨新起. 校园突发事件应急管理［M］. 武汉：华中师范大学出版社，2009.

［7］津巴多. 路西法效应：好人是如何变成恶魔的［M］. 孙

佩效，陈雅馨，译. 北京：读书·生活·新知三联书店，2010.

[8] 凯瑟林·柯恩. 校园欺辱与骚扰：给教育者的法律指导 [M]. 万赟，译. 北京：中国轻工业出版社，2006.

[9] 康树华. 青少年犯罪与治理 [M]. 北京：中国人民公安大学出版社，2000.

[10] 李纯青，解孟林. 校园欺凌的应对与预防 [M]. 北京：世界知识出版社，2017.

[11] 林崇德. 发展心理学 [M]. 杭州：浙江教育出版社，2004.

[12] 玛格丽特·罗森海姆，富兰克林·齐姆林，戴维·坦嫩豪斯，等. 少年司法的一个世纪 [M]. 高维俭，译. 北京：商务印书馆，2008.

[13] 尚会鹏. 种姓与印度教社会 [M]. 北京：北京大学出版社，2001.

[14] 宋雁慧. 中学校园暴力及其防治研究 [M]. 北京：北京师范大学出版社，2013.

[15] 佟丽华. 反校园欺凌手册 [M]. 北京：北京少年儿童出版社，2017.

[16] 王大伟. 校园欺凌问题与对策 [M]. 北京：中国国际广播出版社，2017.

[17] 翁福元. 校园霸凌学理与实务 [M]. 台北：高等教育文化事业有限公司，2013.

[18] 徐久生. 校园暴力研究 [M]. 北京：中国方正出版社，2004.

[19] 杨洪. 印度弱势群体：教育与政策 [M]. 北京：人民出

版社, 2011.

[20] 姚建龙. 校园暴力控制研究 [M]. 上海：复旦大学出版社, 2005.

[21] 张文新, 纪林芹, 董会芹. 中小学生的欺负问题与干预 [M]. 济南：山东人民出版社, 2006.

[22] 张蕴岭. 亚洲现代化透视 [M]. 北京：社会科学文献出版社, 2001.

（二）期刊类

[1] 安钰峰. 美国校园欺凌行为的特点评析 [J]. 外国中小学教育, 2011 (8).

[2] 曹燕. 国外校园欺凌防治政策的共同特征及其启示 [J]. 外国教育研究, 2018 (8).

[3] 常进锋, 尹东风. 域外经验与中国思路：青少年校园欺凌的法律治理 [J]. 当代青年研究, 2018 (2).

[4] 陈海深, 刘健智, 刘新武. 加拿大反校园欺凌政策及其启示：以安大略省为例 [J]. 教育学术月刊, 2021 (6).

[5] 陈静, 宗权. 校园欺凌：其他国家是如何应对的 [J]. 辽宁教育, 2017 (12).

[6] 陈琪, 李延平. 澳大利亚中小学校园欺凌治理研究 [J]. 外国教育究, 2018 (8).

[7] 陈蓉辉. 挪威基础教育的特色及其启示 [J]. 外国教育研究, 2005 (12).

[8] 崔总合, 吕武. 新世纪以来美国校园欺凌治理的进展、经验与启示 [J]. 教学与管理, 2018 (12).

[9] 杜海清. 澳大利亚、欧美国家应对网络欺凌的策略及启示

[J]. 外国中小学教育, 2013 (4).

[10] 冯帮, 何淑娟. 澳大利亚中小学反校园欺凌政策研究: 基于《国家安全学校框架》解读 [J]. 外国中小学教育, 2017 (11).

[11] 高晓霞. 日本校园欺凌的社会问题化: 成因、治理及其启示 [J]. 南京师大学报 (社会科学版), 2017 (4).

[12] 何丹, 范翠英, 牛更枫. 父母教养方式与青少年网络欺负: 隐性自恋的中介作用 [J]. 中国临床心理学杂志, 2016 (1).

[13] 贺江群, 胡中锋. 日本中小学校园欺凌问题研究现状及防治对策 [J]. 中小学德育, 2016 (4).

[14] 黄明涛. 国外校园欺凌立法治理体系: 现状、特点与借鉴——基于七个发达国家的比较分析 [J]. 宁夏社会科学, 2017 (11).

[15] 黄珊, 佘丽. 美国和加拿大融合教育校园欺凌的防御机制探析及启示 [J]. 中国特殊教育, 2021 (5).

[16] 黄向阳, 顾冰冰, 赵东倩. 孩子心目中的欺凌 [J]. 教育科学研究, 2016 (2).

[17] 黄莹. 应对校园欺凌的加拿大"校内尊重"计划 [J]. 上海教育, 2020 (32).

[18] 惠巍. 印度的非正规教育 [J]. 外国教育研究, 1997 (1).

[19] 旷乾, 田春. 校园欺凌综合防治的国际比较及启示 [J]. 基础教育研究, 2020 (3).

[20] 李峰, 史东芳. 挪威反校园欺凌"零容忍方案"研究述评 [J]. 教育导刊, 2015 (2).

［21］ 李莉，姚宇波．校园欺凌干预制度的法律研究：美国经验与中国路径［J］．青少年犯罪问题，2019（1）．

［22］ 李普，苏明月．美国应对校园网络欺凌的策略及其启示［J］．中国青年社会科学，2017，36（5）．

［23］ 李云鹏．美国保卫校园安全机制［J］．外国中小学教育，2011（2）．

［24］ 李梓嘉，李冉．基于东京都防止校园欺凌政策文本的政策工具分析［J］．北京化工大学学报（社会科学版），2017（4）．

［25］ 刘冬梅，薛冰．美国校园欺凌的防治策略及借鉴［J］．河南师范大学学报，2020（2）．

［26］ 刘旭东．法治视阈下校园欺凌的治理路径：以日本实践经验为借鉴基础［J］．当代青年研究，2018（6）．

［27］ 陆哲恒，孙蓓．美国中小学校园欺凌防治的标本兼治之道：以"美国 PBIS 校园反欺凌计划"为例［J］．现代中小学教育，2022（4）．

［28］ 马诺兰江·莫汉蒂，刘建．当前印度政治中的种姓、宗教和少数民族问题［J］．南亚研究，1996（2）．

［29］ 马早明，俞凌云．澳大利亚校园反欺凌：学校治理的视角［J］．华南师范大学学报（社会科学版），2018（3）．

［30］ 孟佳妮．加拿大校园欺凌预防项目述评：以国家预防犯罪中心项目为例［J］．世界教育信息，2018，31（18）．

［31］ 那乐．基于应对校园欺凌问题的日本小学道德教科书改革新进展［J］．外国教育研究，2018，45（8）．

［32］ 祁占勇，闵博怡．美国校园欺凌治理与预防的法律透视［J］．法学教育研究，2018（3）．

[33] 任海涛，闻志强. 日本中小学校园欺凌治理经验镜鉴 [J]. 复旦教育论坛，2016，14（6）.

[34] 孙蓓，秦飞. 美国中小学教师干预校园欺凌计划的分析 与启示 [J]. 教师教育研究，2020（2）.

[35] 唐科莉. 澳大利亚：集全国力量让欺凌无法生存 [J]. 上海教育，2017（11）.

[36] 陶建国，王冰. 挪威中小学校园欺凌预防项目研究 [J]. 比较教育究，2016（11）.

[37] 滕志妍，彭岩. 澳大利亚新南威尔士州防治学生欺凌政 策述评 [J]. 世界教育信息，2017，30（17）.

[38] 王静. 校园欺凌治理的法治化路径 [J]. 法制与社会，2016（31）.

[39] 王琳琳. 印度：复杂国度的校园霸凌之痛 [J]. 上海教育，2015（35）.

[40] 王祈然，蔡娟. 美国第三方组织反校园欺凌实践研究：以"欧米茄人"组织为例 [J]. 比较教育研究，2018（10）.

[41] 王贞会，林苗，胡发清. 校园欺凌的现象观察及其治理 路径重塑 [J]. 中国青年研究，2021（3）.

[42] 文慧，陈亮. 中小学校园欺凌惩戒的现实诉求与实现路 径 [J]. 教育科学研究，2020（7）.

[43] 吴文慧，张香兰. 美国校园欺凌防控项目地经验与启示 [J]. 青少年学刊，2020（3）.

[44] 吴雪萍，史犁娟. 挪威基础教育改革评述 [J]. 外国中 小学教育，2004（1）.

[45] 向广宇，闻志强. 日本校园欺凌现状、防治经验与启示：

　　以《校园欺凌防止对策推进法》为主视角 [J]. 大连理
　　工大学学报（社会科学版），2017（1）.

[46] 徐建华，李季. 美国初中校园欺凌问题的规避策略及启
　　示 [J]. 教学与管理，2018（4）.

[47] 颜湘颖，姚建龙. "宽容而不纵容" 的校园欺凌治理机制
　　研究：中小学校园欺凌现象的法学思考 [J]. 中国教育
　　学刊，2017（1）.

[48] 杨捷. 美国中小学主动反欺凌干预机制研究 [J]. 上海
　　教育科研，2021（10）.

[49] 杨旻旻，连进军. 印度改善弱势群体基础教育运动及问
　　题：以 20 世纪 80 年代中期以后为中心 [J]. 外国教育研
　　究，2013（8）.

[50] 杨廷乾，接园，高文涛. 加拿大安大略省校园预防欺凌计
　　划研究 [J]. 比较教育研究，2016（4）.

[51] 姚逸苇. 日本校园欺凌治理模式的历史变迁研究 [J].
　　外国教育研究，2021（10）.

[52] 俞凌云，马早明. "校园欺凌"：内涵辨识、应用限度与
　　重新界定 [J]. 教育发展研究，2018（12）.

[53] 张萌. 挪威奥维斯校园欺凌预防计划对我国的启示 [J].
　　现代中小学教育，2017（4）.

[54] 张倩，孟繁华，刘电. 校园欺凌的综合治理何以实现：
　　来自现代校园欺凌研究发源地挪威的探索 [J]. 教育研
　　究，2020（11）.

[55] 张倩. 校园欺凌治理的 "三驾马车"：对挪威校园欺凌防
　　治制度与实践的考察 [J]. 教育学报，2020（6）.

[56] 张文新，鞠玉翠. 小学生欺负问题的干预研究 [J]. 教

育研究，2008（2）.

[57] 周华珍，何子丹. 关于国外校园欺负行为的干预经验研
究及其启示 [J]. 中国青年研究，2009（8）.

[58] 驻澳大利亚使馆教育处. 澳大利亚："反欺凌"的责任主
体下移 [J]. 人民教育，2016（11）.

（三）学位论文类

[1] 白天韵. 美国加利福尼亚州公立学校校园欺凌治理研究
[D]. 保定：河北大学，2021.

[2] 曾柏森. 澳大利亚《国家安全学校框架》（NSSF）研究
[D]. 重庆：西南大学，2013.

[3] 蒋凌. 校园欺凌法律规制研究 [D]. 无锡：江南大
学，2021.

[4] 马娇. 澳大利亚青少年校园欺凌现象及防治策略研究
[D]. 西安：陕西师范大学，2019.

[5] 阮亚林. 英澳防治校园欺凌政策的比较研究 [D]. 兰州：
西北师范大学，2017.

[6] 商雪敏. 澳大利亚校园欺凌预防和干预的对策及启示
[D]. 济宁：曲阜师范大学，2020.

[7] 王天. 中小学校园欺凌事件的处理研究 [D]. 沈阳：沈阳
师范大学，2017.

[8] 向敏. 中美校园欺凌防治比较研究 [D]. 武汉：华中师范
大学，2016.

[9] 姚建龙. 福利、惩罚与少年控制：美国少年司法的起源与
变迁 [D]. 上海：华东政法学院，2006.

[10] 张珊. 西班牙和澳大利亚中小学网络欺凌防治政策比较研

究 [D]. 兰州: 西北师范大学, 2021.

[11] 周晓晓. 美国中小学校园欺凌预防干预措施研究 [D]. 上海: 华东师范大学, 2018.

[12] 朱艺丹. 发展中国家教育扶贫政策比较研究 [D]. 西安: 陕西师范大学, 2018.

二、外文文献

(一) 专著类

[1] California Department of Education. Bullying at school [M]. California: CDE presss, 2003.

[2] DAVID G P, ERNEST V E H, SUSAN K. Peer Harassment in School: The Plight of the Vulnerable and Victimized [M]. New York: The Guilford Press, 2001.

[3] JIMERSON S R, FURURLONG M J. The handbook of school violence and school safety [M]. New York: Routledge, 2006.

[4] OLWEUS D, LIMPER S P. The Olweus Bullying Prevention Program: Implementation and evaluation over two decades [M]// The Handbook of School Bullying: An International Perspective. New York: Routledge, 2010.

[5] OLWEUS D. Aggression in the schools: Bullies and whipping boys [M]. Washington, DC: Hemisphere Publishing Corporation, 1978.

[6] OLWEUS D. Bullying at school: what we know and what we can do [M]. Oxford: Blackwell Publishing, 1993.

[7] RIGBY K. New perspectives on bullying [M]. London: Jessica Kingsley, 2002.

[8] RIGBYK. Children and Bullying: How Parents and Educators Can Reduce Bullying at School [M]. Boston: Blackwell Publishing, 2008.

[9] SMITH P K, PEPLER D, RIGBY K. Bullying in schools: how successful can interventions be? [M]. New York: Cambridge University Press, 2004.

[10] 森田洋司. いじめとは何か: 教室の問題、社会の問題 [M]. 東京: 中央公論新社, 2012.

（二）期刊类

[1] ALLANSON P B, LESTER R RNOTAR C E. A history of bullying [J]. International Journal of Education and Social Science, 2015, 11 (2).

[2] ANANIADOU K, SMITH P K. Legal Requirements and Nationally Circulated Materials Against School Bullying in European Countries [J]. Criminology and Criminal Justice, 2002 (4).

[3] BAILEY J. From "Zero Tolerance" to "Safe and Accepting": Surveillance and Equality in the Evolution of Ontario Education Law and Policy [J]. Education & Law Journal, 2017 (6).

[4] BAUMAN SRIGBY KHOPPA K. US teachers' and school counselors' strategies for handling school bullying incidents [J]. Educational Psychology, 2008, 28 (7).

[5] BHAT C S, RAGAN M A, SELVARAJ P R, et al. Online Bullying among High – School Students in India [J]. International

Journal for the Advancement of Counselling, 2017, 39 (2).

[6] BRADSHAW C, WAASDORPT, LEAF P. Examining the variation in the impact of school: wide positive behavioral interventions and supports [J]. Pediatrics, 2012, 10 (5).

[7] CAMPBELL M A. Cyber bullying: An old problem in a new guise? [J]. Journal of Psychologists and Counsellors in Schools, 2005, 15 (1).

[8] CASPER D M, CARD N A. Overt and relational victimization: A meta analytic review of their overlap and associations with social – psychological adjustment [J]. Child Development, 2017 (88).

[9] CHALMERS C, CAMPBELL M A, SPEARS B A, et al. School policies on bullying and cyberbullying: perspectives across three Australian states [J]. Educational Research, 2016, 58 (1).

[10] CORNEL D, LIMBER S P. Law and Policy on the Concept of Bullying at School [J]. American Psychologist, 2015 (5).

[11] CROSS D, EPSTEIN M, Hearn L, et al. National safe schools framework: Policy and practice to reduce bullying in Australian schools [J]. International Journal of Behavioral Development, 2011, 35 (5).

[12] DAKE J A, PRICE J H, TELLJOHANN S K. The nature and extent of bullying at school [J]. Journal of school health, 2003, 73 (5).

[13] ESPELAGE D L, ROSE C A, POLANIN J R. Social – emotional learning program to reduce bullying, fighting, and vic-

timization among middle school students with disabilities [J].
Remedial and Special Education, 2015, 36 (5).

[14] GAFFNEY HFARRINGTON D, PTTOFI M M. Examining the
Effectiveness of School – Bullying Intervention Programs Glob-
ally: a Meta – analysis [J]. International Journal of Bullying
Prevention, 2019, 1 (1).

[15] GARRITY C, JENS K. Bullying – proofing your school [J].
Reclaming Children and Youth, 2004, 13 (3).

[16] HONIG A, SZDUNOWSKI – SJOBLOM N. Bullied children:
parent and school supports [J]. Early child development and
care, 2014, 184 (10).

[17] HRUSHIKESH S. Study of polices for investment/inputon ru-
ral basic education in India [J]. International Research and
Training Center for Rural Education, 2005, 15 (8).

[18] JEFFERSON A L. Unacceptable but tolerated behavior [J].
Educational Considerations, 2008, 35 (2).

[19] Jiménez – Barbero J A, Ruiz – Hernández J A, Llor – Zara-
goza L, et al. Effectiveness of anti – bullying school pro-
grams: A meta – analysis [J]. Children and Youth Services
Review, 2016 (61).

[20] KAPLAN S L, IBIKUNLE J O, THOMAS C R. Peer Harass-
ment in School: The Plight of the Vulnerable and Victimized
Child [J]. Journal of the American Academy of Child & Ad-
olescent Psychiatry, 2002 (11).

[21] KLOMEK, AMARROCCO, FKLEINMAN M, et al. Bullying,
Depression, and Suicidality in Adolescents [J]. Journal of

The American Academy of Child and Adolescent Psychiatry, 2007, 46 (1).

[22] LEE J Y, KWON Y, YANG S, et al. Differences in Friendship Networks and Experiences of Cyber bullying Among Korean and Australian Adolescents [J]. Journal of Genetic Psychology, 2016, 178 (1).

[23] LIMBER S P, SMALL M A. State Laws and Policies to Address Bullying in Schools [J]. School Psychology Review, 2003 (3).

[24] LODGE J, FRYDENBERG E. Cyber – bullying in Australian schools: Profiles of adolescent coping and insights for school practitioners [J]. The Educational and Developmental Psychologist, 2007, 24 (1).

[25] MIDGETT A, DOUMAS D MJOHNOSTON A D. Establishing school counselors as leaders in bullying curriculum delivery: evaluation of a brief, school – wide bystander intervention [J]. Professional School Counseling, 2018 (21).

[26] MONKS C P, SMITH, P K. SWEETTENHAM J. Bullying in infant classes: Roles taken, stability and relationship to sociometric status [J]. Merrill Palmer Quarterly, 2003, 49 (4).

[27] MURRAY – HARVEY R, SLEE P T. School and home relationships and their impact on school bullying [J]. School psychology international, 2010, 31 (3).

[28] NICKERSON A B, CORNELL D G, SMITH J D, et al. School antibullying efforts: Advice for education policymakers

[J]. Journal of school violence, 2013, 12 (3).

[29] OLWEUS D. Evaluation of the Olweus Bullying Prevention Program: A large scale study of U. S. students in grades 3 – 11 [J]. Journal of School Psychology, 2018 (69).

[30] OMALLEY M D. Prevailing Interventions to Address Peer Victimization at School: A study of California School Psychologists [J]. California School Psychologist, 2009 (1).

[31] PATEL V, VARMA J, NIMBALKAR S, et al. Prevalence and profile of bullying involvement among students of rural schools of Anand, Gujarat, India [J]. Indian journal of psychological medicine, 2020, 42 (3).

[32] PEGUERO A. Schools, Bullying, and Inequality: Intersecting Factors and Complexities with the Stratification of Youth Victimization at School [J]. Sociology Compass, 2012 (5).

[33] PERREN S, DOOLEY J, SHAW T, et al. Bullying in school and cyberspace: Associations with depressive symptoms in Swiss and Australian adolescents [J]. Child and adolescent psychiatry and mental health, 2010 (4).

[34] PRICE M, DALGLEISH J. Cyberbullying: experiences, impacts and coping strategies as described by Australian young people [J]. Youth Studies Australia, 2010, 29 (2).

[35] RIGBY K, SLEE P T. Victims and Bullies in School Communities [J]. Australasian Society of Victimology, 1990 (1).

[36] RIGBY K. Addressing bullying in schools: Theoretical perspectives and their implications [J]. School Psychology International, 2004, 25 (3).

[37] RIGBY K. Children and Bullying: How Parents and Educators Can Reduce Bullying at School [J]. Boston: Blackwell, 2010, 14 (2).

[38] ROLAND E. Bullying in School: Three National Innovations in Norwegian Schools in 15 years [J]. Aggressive Behavior, 2001 (26).

[39] ROLAND E. The broken curve: Effects of the Norwegian manifesto against bullying [J]. International Journal of Behavioral Development, 2011, 35 (5).

[40] SAHAI C S. Mid – Day Meal Scheme: Achievements and Challenges [J]. International Journal of Humanities and Social Science Invention, 2014, 3 (10).

[41] SHARMA R. Mid Day Meal Scheme in India: The Road Ahead [J]. International Institute for Science, Technology & Education (IISTE), 2015, 5 (11).

[42] SLEE P T, MOHYLA J. The PEACE Pack: an evaluation of interventions to reduce bullying in four Australian primary schools [J]. Educational Research, 2007, 49 (2).

[43] SLEE P T. Bullying: Health concerns of Australian secondary school students [J]. International Journal of Adolescence and Youth, 1995, 5 (4).

[44] SMITH J D, COUSINS J B, STEWART R. Antibullying interventions in schools: Ingredients of effective programs [J]. Canadian Journal of Education, 2005, 28 (4).

[45] SMITHP K. The silent nightmare: bullying and victimisation in school peer groups [J]. The Psychologist, 1991 (4).

[46] SOTT M, GROTPETER J K. Education of bully – proofing your school as an elementary school antibullying intervention [J]. Journal of School Violence, 2014 (2).

[47] SOUTTER A, MCKENZIE A. The use and effects of anti – bullying and anti – harassment policies in Australian schools [J]. School Psychology International, 2000, 21 (1).

[48] SPRINGHALL J. Violent media, guns and moral panics: The Columbine High School massacre, 20 April 1999 [J]. Paedagogica historica, 1999, 35 (3).

[49] WANDA C, FAUCHER C, MARGARET J. Cyber – bullying among youth: A comprehensive review of current international research and its implications and application to policy and practice [J]. School Psychology International, 2013 (34).

[50] WEAVER L M, BROWN J R, WEDDLE D B, et al. A Content Analysis of Protective Factors Within States' Antibullying Laws [J]. Journal of School Violence, 2013 (2).

[51] ZIMMERMAN F J, GLEW G M, CHRISTAKIS D A, et al. Early cognitive stimulation, emotional support, and television watching as predictors of subsequent bullying among grade – school children [J]. Archives of Pediatrics and Adolescent Medicine, 2005 (4).

[52] 坂西友秀. いじめが被害者に及ぼす長期的な影響および被害者の自己認知と他の被害者認知の差 [J]. 社会心理学研究, 1995, 11 (2).

[53] 大嶋千尋. いじめ発生における加害者の環境的要因及び心理的要因についての実証的研究 [J]. 人間生活文

化研究, 2015 (25).

[54] 前島康男. いじめ問題と教師 [J]. 日本教師教育学会
年報, 2004 (13).

[55] 滝充. いじめ行為の発生要因に関する実証的研究 [J].
教育社会学研究, 1992 (50).

[56] 伊藤茂樹.「心の問題」としてのいじめ問題 [J]. 教育
社会学研究, 1996 (59).

(三) 学位论文类

[1] GRUNEWALD S. The student's Perspective: Exploring Ethnice
Group Variances in Bullying Behavior Using Mixed Methods Re-
search [D]. Chicago: Loyola University chicago, 2013.

[2] LOSEY R A. An Evaluation of the Olweus Bullying Prevention
Program's Effectiveness in a High School Setting [D]. Cincin-
nati: University of Cincinnati, 2009.

[3] PARADA R H. School bullying: Psychosocial determinants
and effective intervention [D]. Sydney: University of Western
Sydney, 2006.

(四) 电子文献类

[1] 15th Joint Review Mission of Sarva Shiksha Abhiyan Govern-
ment of India. Sarva Shiksha Abhiyan (16th to 30st January,
2012) [EB/OL]. (2012 - 01 - 16) [2022 - 09 - 13].
http://ssa. nic. in/monitoring/joint - review - mission - ssa -
1/joint - review - mission - ssa.

[2] American Center for Education Statistics. Serious Disciplinary

Actions Taken by Public School [EB/OL]. [2022 – 08 – 02].
http: //nces. ed. gov/programs/crimeindicatiors/crimeindicators
2014/ind_19. asp.

[3] Arun C. Mehta. Elementary Education in India, Analytical Re-
port 2008 – 2009 [EB/OL]. [2022 – 08 – 02]. http: //
www. dise. in/Downloads/Publications/Publications% 202008 –
09/AR%202008 – 09/Introduction. pdf.

[4] AUS. Department of Immigration and Border Protection. Migra-
tion programmestatistics [EB/OL]. (2017 – 07 – 04) [2022 –
08 – 02]. http: //www. border. gov. au/a – bout/reports – pub-
lications/research – statistics/statistics/live – in – australia/mi-
gration – programme.

[5] Australian Government Department of Education and Training.
Review of Appropriateness and Efficacy of the Safe Schools Co-
alition Australia Program Resources [EB/OL]. (2017 – 06 –
18) [2022 – 08 – 02]. http: //www. education. gov. au/
student – resilience – and – resilience – and – wellbeing? re-
source = .

[6] Bluewater District School Board. Code of Conduct [EB/OL].
(2018 – 10 – 29) [2022 – 09 – 10]. https: //www. bwdsb.
on. ca/director/Procedures/AP_6822 – D.

[7] Boise State University. STAC – A brief bullying bystander inter-
vention program for schools [EB/OL]. [2022 – 08 – 03].
https: //education Boisestate. edu/counselored/stac – brief –
bullying – interven – tion – program/.

[8] Bullying in school and cyber space: Associations with depres-

sive symptoms in Swiss and Australian adolescents [EB/OL].
(2000 – 04 – 28) [2022 – 08 – 26]. http: //tsuhhel-
web. tsu. edu.

[9] Bullying No Way. A review of literature (2010 – 2014) on
student bullying by Australia's Safe and Supportive School Com-
munities Working Group [EB/OL]. (2016 – 12 – 07) [2022 –
08 – 02]. https: //bullyingnoway. gov. au/UnderstandingBul-
lying/Documents/review – of – literature2010 – 2014. pdf.

[10] Bullying No Way. Participating schools [EB/OL]. (2010 –
06 – 18) [2022 – 08 – 02]. https: //bullyingnoway. gov.
au/NationalDay/Pages/Participating – schools. aspx.

[11] California Department of Education. Safe School [EB/OL].
(2016 – 01 – 23) [2022 – 08 – 03]. https: //www. cde.
ca. gov/ls/ss/.

[12] California Legislative Information. 2007 Education Coad 48900
[EB/OL]. (2007 – 05 – 20) [2022 – 08 – 03]. https: //
leginfo. legialature. ca. gov/faces/codes_displaySection. xhtml?
lawCoad = EDC&sectionNum = 48900.

[13] California Legislative Information. 2016, Education Coad
48900. 9 [EB/OL]. (2018 – 01 – 02) [2022 – 08 – 06].
https: //leginfo. Legialature. ca. gov/faces/codes_display Sec-
tion. xhtml? lawCoad = EDC&sectionNum = 48900. 9.

[14] Canada's Healthy Relationships Hub. Dangers of Bullying [EB/
OL]. (2019 – 07 – 01) [2022 – 09 – 01]. https: //www. pre-
vnet. ca/bullying/dangers.

[15] Canada's Healthy Relationships Hub. Types of Bullying [EB/

OL]. (2019 - 07 - 01) [2022 - 09 - 01]. https: //www. prevnet. ca/bullying/types.

[16] Centers for Disease Control and Prevention. Youth Risk Behavior Surveillance System (YRBSS) [EB/OL]. (2017 - 04 - 15) [2022 - 07 - 28]. https: www. cdc. gov/healthyyouth/data/yrbs/index. htm.

[17] Child Health Promotion Research Centre. Australian Covert Bullying Prevalence Study [EB/OL]. (2016 - 07 - 26) [2022 - 08 - 22]. https: //ro. ecu. edu. au/ecuworks/6795/.

[18] Department of Education and Training. National safe schools framework (NSSF) [EB/OL]. [2022 - 06 - 10]. https: //www. education. gov. au/national - safe - schools - framework - 0.

[19] Government of Ontario. Bullying - we can all help stop it [EB/OL]. (2022 - 03 - 22) [2022 - 09 - 26]. https: //www. ontario. ca/page/bullying - we - can - all - help - stop - it? _ga = 2. 222817432. 2084846814. 1580821906 - 28162259. 1580821906#section - 7.

[20] Government of Ontario. Education Act [EB/OL]. (2021 - 08 - 17) [2022 - 09 - 01]. https: //www. on - tario. ca/laws/statute/90e02.

[21] Government of Ontario. Bullying - we can all help stop it [EB/OL]. (2022 - 03 - 22) [2022 - 09 - 26]. https: //www. ontario. ca/page/bullying - we - can - all - help - stop - it? _ga = 2. 222817432.

[22] India Ministry of Education. National Policy on Education 1986 [EB/OL]. [2022 - 09 - 23]. http: //www. mhrd.

gov. in/sites/upload _ files/mhrd/files/document – reports/ NPE86 – mod92. pdf.

[23] India Ministry of Education. Programme of action 1992 [EB/ OL]. [2022 – 09 – 23]. http: //mhrd. gov. in/sites/up-load_files/mhrd/files/document – reports/POA_1992. pdf.

[24] India Ministry of Education. National Education Policy 2020 [EB/OL]. (2020 – 07 – 30) [2022 – 09 – 13]. https: // www. education. gov. in/sites/upload _ files/mhrd/files/NEP _ Final_English_O. pdf.

[25] India Ministry of Education. National Policy on Education 1986 [EB/OL]. [2022 – 09 – 23]. http: //www. mhrd. gov. in/ sites/upload _ files/mhrd/files/document – reports/NPE86 – mod92. pdf.

[26] India Ministry of Education. Programme of action 1992 [EB/ OL]. [2022 – 09 – 23]. http: //mhrd. gov. in/sites/up-load_files/mhrd/files/document – reports/POA_1992. pdf.

[27] India Ministry of Education. Scheme for Infrastructure Develop-ment in Minority Institute (IDMI) [EB/OL]. [2022 – 09 – 13]. http: //mhrd. gov. in/idmi.

[28] India Ministry of Law and Justice. The Constitution of India [EB/OL]. [2022 – 09 – 26]. https: //india. gov. in/sites/ upload_files/npi/files/coi_part_full. pdf.

[29] ISS. Implementing Clause 12 of the Right to Education Act 2009 in Udaipur District of Rajasthan, India: Letting Disad-vantaged Children Down? [EB/OL]. (2012 – 11 – 01)[2022 – 08 – 22]. https: //thesis. eur. nl/pub/13104/Bharat% 20

Kumar% 20Nayak _ Final% 20RP% 20Bharat% 20Nayak% 20PPM% 20SB% 201268_1518. pdf.

[30] Lincoln Middle School. Lesson plan [EB/OL]. [2022 - 08 - 05]. https: //lms - alamedausd - ca. schoolloop. com/lesson-plan.

[31] MEHTA A C. Elementary Education in India, analytical report 2008—2009: Progress towards UEE [EB/OL]. [2022 - 09 - 13]. http: //www. dise. in/Downloads/Publications/Publications% 202008 - 09/AR% 202008 - 09/Introduction. pdf.

[32] Ministry of Education (Ontario). Promoting a positive school climate: A Resource for Schools [EB/OL]. (2016 - 01 - 18) [2022 - 08 - 29]. http: //www. edu. gov. on. ca/eng/parents/ResourceDocEng.

[33] Ministry of women and child development. National Policy for Children, 2013 [EB/OL]. (2013 - 04 - 16) [2023 - 03 - 17]. https: //wcd. nic. in/sites/default/files/npcenglish0807 2013_0_0. pdf.

[34] Ministry of Women and Child Development. The Revised Integrated Child Protection Scheme (ICPS) [EB/OL]. (2009 - 10 - 01) [2023 - 03 - 18]. http: //cara. nic. in/PDF/revised% 20ICPS% 20scheme. pdf.

[35] National Assembly. Bill 56: An Act to prevent and deal with bullying and violence in schools [EB/OL]. (2020 - 05 - 20) [2022 - 09 - 26]. http: //www. assnat. qc. ca/en/travaux - parlementaires/projets - loi/projet - loi - 56 - 39 - 2. html.

［36］ National Center for Education Statistic. Indicator 10: Bullying at School and Electronic Bullying ［EB/OL］. (2017 – 05 – 13) ［2022 – 07 – 25］. https: //nces. ed. gov/programs/ crimeindicators/ind_10. asp.

［37］ National Center for Education Statistics. Indicators of School Crime and Safety: 2016 ［EB/OL］. ［2022 – 07 – 31］. https: //nces. ed. gov/pubs2017/. pdf.

［38］ National Commission for Protection of Child Rights. Manual on safety and security of children in schools ［EB/OL］. (2021 – 09 – 08) ［2023 – 04 – 16］. https: //ncpcr. gov. in/uploads/ 165650391762bc3e6d27f93 _ Manual% 20on% 20Safety% 20and% 20Security% 20of% 20Children% 20in% 20Schools% 20 (Sep% 202021). pdf.

［39］ National Commission for Protection of Child Rights. The Juvenile Justice (Care and Protection of Children) Act, 2015 ［EB/OL］. (2022 – 06 – 29) ［2023 – 04 – 18］. https: //ncpcr. gov. in/up- loads/165648725462bbfd563fdbb_The% 20Juvenile % 20Justice% 20 (Care% 20and% 20Protection% 20of% 20Children)% 20Act% 202015, Rules,% 202016% 20 (Hindi% 20&% 20English). pdf.

［40］ NSS. Framework Resource Manual ［EB/OL］. (2016 – 05 – 08) ［2022 – 08 – 02］. https: //www. deewr. gov. au/School- ing/NationalSafe – Schools/ocuments/NSSFrameworkResource – Manual. pdf.

［41］ NSW. Department of Education. Bullying: Preventing and Responding to Student Bullying in Schools Policy ［EB/OL］. (2017 – 01 – 09) ［2022 – 08 – 02］. https: //education. nsw. gov. au/policy – library/policies/bullying preventing and responding to student bullying in schools – policy.

［42］ NSW. Department of Education. Bullying: Preventingand Responding to Student Bullying in Schools Policy ［EB/OL］. (2017 – 01 – 09) ［2022 – 08 – 02］. https: //education. nsw. gov. au/policy – library/policies/bullying – preventing – and – responding – to – student – bully – ing – in – schools – policy.

［43］ NSW. Government. Bullying: Preventing and Responding to Student Bullying in Schools Policy ［EB/OL］. ［2023 – 04 – 01］. https: //education. nsw. gov. au/policy – library/poli-cies/bullying – preventing – and – responding – to – student – bullying – in – schools – policy.

［44］ Oakland Unity Middle School. Class Project ［EB/OL］. ［2022 – 08 – 05］. https: www. unitymiddle. org/class – pro-ject/.

［45］ OECD. PISA 2015 Resuits (Volume 3): Students' Well – Be-ing ［EB/OL］. ［2022 – 04 – 20］. http: //www. oecd. org/education/pisa – 2015 – results – volume – iii – 978926427356 – en – htm.

［46］ Ontario Ministry of Education. Education Act, R. S. O. 1990, c. E. 2 ［Z/OL］. (2021 – 08 – 17) ［2022 – 09 – 01］. https: //www. on – tario. ca/laws/statute/90e02.

［47］ Ontario Ministry of Education. Safe Schools Policy and Prac-tice: An Agenda for Action ［EB/OL］. (2015 – 12 – 14) ［2022 – 09 – 26］. http: //www. edu. gov. on. ca/eng/ssareview/report0626. html.

[48] Ontario Ministry of Education. Shaping A Culture of Respect in Our Schools: Promoting Safe and Healthy Relationships [EB/OL]. (2015 – 12 – 14) [2022 – 09 – 26]. http: // www. edu. gov. on. ca/eng/safe – schools/publications. html.

[49] Ontario Newsroom. Ontario Strengthening Protections Against Bullying and Violence at School [EB/OL]. (2022 – 03 – 22) [2022 – 09 – 26]. https: //news. ontario. ca/en/release/1001824/ontario – strengthening – protections – against – bullying – and – violence – at – school.

[50] Ontario Ministry of Education. Safe Schools Policy and Practice: An Agenda for Action [EB/OL]. (2015 – 12 – 14) [2022 – 09 – 26]. http: //edu. gov. on. ca/eng/ssareview/report0626. html.

[51] Ontario Ministry of Education. Shaping A Culture of Respect in Our Schools: Promoting Safeand Healthy Relationships [EB/OL]. (2015 – 12 – 14) [2022 – 09 – 26]. http: // www. edu. gov. on. ca/eng/safeschools/publications. html.

[52] Ontario Ministry of Education. Promoting a positive school climate: A Resource for Schools [EB/OL]. (2016 – 01 – 18) [2022 – 08 – 29]. http: //www. edu. gov. on. ca/eng/parents/ResourceDocEng.

[53] Ontario Newsroom. Ontario Strengthening Protections Against Bullying and Violence at School [EB/OL]. (2022 – 03 – 22) [2022 – 09 – 26]. https: //news. ontario. ca/en/release/1001824/ontario – strengthening – protections – against –

bullying – and – violence – at – school.

[54] OVERLAND M A. In India, Almost everyone wants to be special in the chronicle of higher education [EB/OL]. (2004 – 02 – 03) [2022 – 11 – 03]. https：//www. chronicle. com/article/in – india – almost – everyone – wants – to – bespecial/.

[55] Pleasanton Middle. Unity Day – Wear Orange! [EB/OL]. [2022 – 08 – 04]. https：//pleasantonmiddle. pleasantonusd. net/apps/events/2020/10/21/8577427/.

[56] Pratham. Annual status of education report (rural) 2011 [EB/OL]. [2022 – 09 – 13]. http：//pratham. org/images/Aster – 2011 – report. pdf.

[57] Sarah Sisaye. 2016 Federal Bullying Prevention Summit Explores Themes of Tolerance and Inclusion [EB/OL]. (2016 – 9 – 27) [2022 – 07 – 28]. https：//www. Stopbullying. gov/blog/2016/2016 federal bullying prevention summit explores themes of tolerance and inclusion html.

[58] Stopbullying. State Anti – Bullying Laws & Policies [EB/OL]. [2022 – 08 – 03]. https：//www. stopbullying. gov/resources/laws.

[59] The India Post. The scheme of scholarship at secondary stage for talented children from rural areas [EB/OL]. (2011 – 03 –14) [2022 – 08 – 23]. https：//www. theindiapost. com/education/scholarships – for – children – from – rural – areas/.

[60] The Safe Schools Hub. National Safe Schools Framework [EB/OL]. [2023 – 04 – 01]. http：//www. safeschool-

shub. edu. au.

[61] U. S. Department of Education. Bias – based Harassment in New York City Public Schools [EB/OL]. [2022 – 08 – 02]. https://www. ed. gov/news/media – advisories/white – house – appi – initiative – hold – summit – combating – bullying – saturday – new – york – city.

[62] U. S. Education Department. Releases Analysis of State Bullying Laws and Policies [EB/OL]. [2022 – 08 – 05]. https://www. ed. gov/rschstat/eval/bullying/state – bullying – laws/state – bullying – laws. pdf.

[63] U. S. Department of Education. Findings Form the School Surve y on Crime and Safety: 2015 – 2016 [EB/OL]. [2022 – 08 – 03]. https: nces. ed. gov/pubs.

[64] UNESCO. Behind the Numbers: Ending School Violence and Bullying [EB/OL]. (2020 – 05 – 09) [2022 – 09 – 01]. https://unesdoc. unesco. org/ark: /48223/pf0000366483.

[65] UNESCO. School Violence and Bullying [EB/OL]. (2017 – 01 – 17) [2022 – 08 – 17]. http://en. unesco. org/themes/school – violence – and – bullying.

[66] UNICEF. Experiences of Peer Bullying among Adolescents and Associated Effects on Young Adult Outcomes: Longitudinal Evidence from Ethiopia, India, Peru and Viet Nam [EB/OL]. (2016 – 03 – 16) [2023 – 04 – 11]. https:// www. unicef – irc. org/publications/pdf/IDP_2016_03. pdf.

[67] UNICEF. Developing a Global Indicator on Bullying of School – aged Children [EB/OL]. [2020 – 04 – 20]. https://

www. unicef – irc. org/publictions/979 – developing – aglobal – indictor – on – bullying – of – school – aged – children. html.

[68] Utddannings Direcktoratet. School Environment Measures – investigate [EB/OL]. [2022 – 09 – 22]. https: //www. udir. no/laring – og – trivsel/mobbing/2019.

[69] 北川邦一. ノルウェー教育法——公布約 12 年近くを経た主たる改正内容 [EB/OL]. [2022 – 08 – 17]. ins. jp. org/ 11919kita – ga – kyouikuhou. pdf, 2016 – 05 – 06.

[70] 東京都教育委員会. 東京都いじめ防止対策推進条例 [EB/OL]. (2014 – 07 – 02) [2022 – 08 – 17]. https: // www. kyoiku. metro. tokyo. lg. jp/school/content/files/bullying_ measures/jourei. pdf.

[71] 東京都教育委員会. 東京都いじめ問題対策連 絡協議会規則 [EB/OL]. [2022 – 08 – 17]. https: //www. kyoiku. metro. tokyo. lg. jp/administration/council/general_conference/ coordination _ meeting/files/bullying _ liaison _ council/kisoku1. pdf.

[72] 松下良平. 答えのない問いを考える道徳教育の旅 [EB/ OL]. (2017 – 05 – 10) [2022 – 08 – 17]. http: // www. d3b. jp/politics/5460.

[73] 文部科学省. いじめの防止等のための基本的な方針 (概要) [EB/OL]. (2013 – 10 – 11) [2022 – 08 – 17]. https: //www. mext. go. jp/component/a _ menu/education/ detail/__icsFiles/afieldfile/2019/06/26/1400030_006. pdf.

[74] 文部科学省. いじめの定義: 児童生徒の問題行動等生徒指導上の諸問題に関する調査 [EB/OL]. (2013 – 05 – 24)

［2022 － 08 － 17］. http：//www. mext. go. jp/a_menu/shotou/
seitoshidou/_ics － Files/afieldfile/2013/05/24/1335366_1. pdf.

［75］ 文部科学省. いじめ防止対策推進法［EB/OL］. (2013 －
09 － 28) ［2022 － 08 － 17］. https：//www. mext. go. jp/a_
menu/shotou/seitoshidou/1406848. htm.

［76］ 文部科学省. いじめ防止対策推進法（概要）［EB/OL］.
(2013 － 09 － 28) ［2022 － 08 － 17］. https：//www. mext.
go. jp/component/a_menu/education/detail/_icsFiles/afield-
file/2018/08/21/1400030_001_1_1. pdf.

［77］ 文部科学省. いじめ防止基本方針を踏まえた関係機関
との連携について（通知）［EB/OL］. (2014 － 03 － 10)
［2022 － 08 － 17］. https：//www. mext. go. jp/a_menu/sho-
tou/seitoshidou/1400261. htm.

［78］ 文部科学省. 児童生徒の問題行動・不登校等生徒指導
上の諸課題に関する調査結果について［EB/OL］.
(2021 － 10 － 13) ［2022 － 08 － 17］. https：//www. mext.
go. jp/content/20211007 － mxt_jidou01 － 100002753_1. pdf.

［79］ 文部科学省. 国立教育政策研究所生徒指導進路指導研
究センター. いじめ追跡調査 2010—2012［R/OL］.
［2022 － 08 － 17］. https：//www. nier. go. jp/shido/center-
hp/2507sien/ijime_research － 2010 － 2012. pdf.

［80］ 文部科学省. 平成 26 年度児童生徒の問題行動等生徒指
導上の諸問題に関する調査［EB/OL］. (2016 － 03 － 01)
［2022 － 08 － 17］. http：//www. mext. go. jp/b_menu/hou-
dou/27/09/_icsFiles/afieldfile/2015/10/07/1362012_1_1. pdf.

（五）其他文献类

[1] Deepak Foundation. The Healing Touch [R]. Baroda: Deepak Foundation, 2007.

[2] India Ministry of Education. Analysis of Budgeted Expenditure on Education 2008 – 09 to 2010 – 11 [R]. New Delhi: MHRD, 2012.

[3] India Ministry of Education. Educational Statistics At A Glance 2005 – 2006 [R]. New Delhi: MHRD, 2008.

[4] India Ministry of Education. Statistics of School Education 2010 – 2011 [Z]. New Delhi: MHRD, 2012.

[5] India Ministry of Education. Analysis of Budgeted Expenditure on Education 2008 – 09 to 2010 – 11 [R]. New Delhi: MHRD, 2012.

[6] LIE T. Evaluation of a Program for Competence Training of the Educational Psychological Service and School Leaders (Report RF – 2003/246) [R]. Stavanger: Rogalandsforskning, 2003.

[7] MHRD. Government of India. The Scheme of Scholarship at Secondary Stage for Talented Children from Rural Areas. Scholarship [R/OL]. [2022 – 08 – 17]. http: //education. Nic. in/schbenefrl. Asp.

[8] OLWEUS D, LIMBER S P. The Olweus Bullying Prevention Program: Implementation and Evaluation over Two Decades [M]//JIMERSON S R, SWEARER S M, ESPELAGE D L. The Handbook of School Bullying: An International Perspective. New York: Routledge, 2010.

[9] WENDELBORG C, Røe M, BULAND T H. Læringsmiljøpro-

sjektet: Sluttrapport for evalueringen av Læringsmiljøprosjektet [R]. NTNU Samfunnsforskning AS, 2018.

[10] WENDELBORG C. Bullying and Quiet at Work: Analysis of the Student Survey for the Academic Year 2018/19 [R]. Trondheim: NTNU Social Research, 2019.

[11] 文部科学省. 小学校学習指導要領 [Z]. 东京: 文部科学省, 2017.

[12] 文部科学省. 小学校学習指導要領解説: 特別の教科道徳 [Z]. 东京: 文部科学省, 2017.

后　记

　　《中小学校园欺凌防治政策的国际比较研究》终于完稿并交付知识产权出版社。本书是2017年度教育部人文社会科学研究青年基金项目"中小学校园欺凌防治政策的国际比较研究"（项目号：17YJC880121）的研究成果。该项目是在教育部社会科学司的资助和支持下完成的，同时要感谢该项目前期申请和后期管理单位陕西学前师范学院对研究者和研究项目一以贯之的支持与辅助。

　　本书的出版并非一蹴而就，而是经历了不断的增补、修订、校对、再增补……直至最终定稿出版的过程。书稿的完成伴随着我们团队的共同成长，其间整个研究团队始终通力协作，且有部分成员的工作单位发生了变动，翟月博士由北京大学博士后出站入职北京第二实验小学，硕士研究生任禛也入职西安市长安区第四小学。我们一起收获了学术的成长，也丰富了彼此之间的情谊。

　　北京第二实验小学的翟月博士负责全书整体框架设计和最后的统稿工作，各章的具体分工是：引言，北京第二实验小学翟月；第一章，陕西师范大学教育学部屈蕾、西安高新第一小学薛丹、陕西师范大学教育学部陈玥；第二章，通辽市实验小学蒋明珠、北京第二实验小学翟月；第三章，陕西师范大学教育学部屈蕾、陕西师范大学教育学部陈玥；第四章，陕西师范大学教育学部师彦博、陕西师范大学教育学部屈蕾、西安市凤景小学蒋慧仔；第五章，西安市雁塔区雁祥学校张燕、西安市长安区第四小学任禛、北京第二实验小学翟月；第六章，陕西师范大学教育学部彭光荣、西安思源学院教育学院朱艺丹、北京第二实验小学翟月；第七章，南京特殊师范学院特殊教育学院冯超、北京第二实验小学翟月。同时，陕西师范大学教育学部硕士研究生屈蕾、彭光荣、师彦博等同学和西安市长安区第四小学任禛在资料收集及整理方面做了很多工作，尤其要感谢屈蕾同学在课题研究和组织协调中的大量付出！

本书的撰写参考、借鉴了大量的已有研究成果，在此对参考文献的作者们致以深深的谢意。尽管我们付出了很多努力，但由于水平有限，书中难免有错漏之处，恳请同行学者多批评指正帮助我们进步。

在此要特别感谢知识产权出版社编辑刘江博士的认真督促，以及为本书顺利出版作出的努力！衷心感谢在项目后期实施和管理中提供多次帮助的陕西学前师范学院教育科学学院陈卿老师、张琦老师、朱金卫老师、潘炳超老师，外国语学院周姗老师，学科建设与科研处贺娟老师、李浩老师，财务处拓泓舟老师、曹雨薇老师以及相关部门的老师们。

校园欺凌是世界各国、社会各界长期广泛关注的问题，它对所有相关利益群体都会造成不同程度的身心伤害，甚至危害社会公共安全。作为教育工作者要始终关注这一问题，尤其要关注中小学校园中欺凌行为的防治，为青少年儿童创建良好的校园成长环境，为社会培养身心健康的高素养人才。愿我们可以继续努力，为此目标尽一份教育工作者的责任！